# 课堂变革

## 清华附中的创新之道

EDUCATIONAL REFORM

THUHS' Path to Innovation

—— 方妍 著 ——

清华大学出版社

北京

**图书在版编目 (CIP) 数据**

课堂变革：清华附中的创新之道 / 方妍著. -- 北京：清华大学出版社，2025. 10.
ISBN 978-7-302-70388-4

Ⅰ. G632.0

中国国家版本馆CIP数据核字第20257DP479号

责任编辑：肖　路
封面设计：刘　芳
责任校对：王淑云
责任印制：丛怀宇

出版发行：清华大学出版社
　　　　　网　　　址：https://www.tup.com.cn, https://www.wqxuetang.com
　　　　　地　　　址：北京清华大学学研大厦A座　　　邮　　编：100084
　　　　　社　总　机：010-83470000　　　　　　　　邮　　购：010-62786544
　　　　　投稿与读者服务：010-62776969, c-service@tup.tsinghua.edu.cn
　　　　　质量反馈：010-62772015, zhiliang@tup.tsinghua.edu.cn
印 装 者：涿州汇美亿浓印刷有限公司
经　　销：全国新华书店
开　　本：145mm×210mm　　　印　　张：7.25　　字　　数：144千字
版　　次：2025年10月第1版　　　　　　　　　印　　次：2025年10月第1次印刷
定　　价：85.00元

产品编号：114510-01

教育是国之大计、党之大计。2025 年，恰逢清华附中建校 110 周年，也是国家"十四五"收官、"十五五"规划的关键节点。站在这一特殊历史节点上，我们深刻认识到，基础教育既要传承百年办学初心，更要回应时代变革需求。而本书既是我校近年在课堂变革、课程创新、评价改革与拔尖人才培养等领域的实践总结，更是全体清华附中人对"当好人民教育新示范，办好强国教育新样板"这一目标的探索答卷。

当前，数智时代重构教育生态，获取知识的方式不断改变，跨学科融合成为趋势，"拔尖创新"成为基础教育的核心命题。面对这一变革，我们以"时代为志，育人为本，行动为要"的理念为根基，发起课堂变革——打破传统"三中心"模式，依托人工智能网校、"数智人小清"等平台打造数字化课堂，通过项目式学习让课堂从"知识传递场"变为"创新实践场"。

课程是育人的核心载体。从聚焦"社会参与""自主发展"的 2.0 体系，到以"人文底蕴、科学精神"等六大核心素养为统领的 3.0 体系，我们始终践行"国家课程校本化，校本课程特色化"的理念。人工智能实验班、创新书院、六大高研实验室的布局，对接北京市"3+X"AI 教育体系；马约翰体育特长班、美术特长班与金帆民乐团的深耕，践行"体教融合""艺教融合"理念，每一门课程的设计，都旨在培养学生适应未来的"元能力"。

评价改革是质量保障的关键。我们摒弃单一分数评价，构建多元生态：革新课堂观察量表，从师生两个维度精准把脉教学；成立教学指导委员会，为教师成长护航；建立学生反馈制度，让学习主体的声音成为教学调整的依据。这一体系既关注"教得有效"，更聚焦"学得扎实"，真正实现"以评促教，以评促学"。

这本著作中的每一项实践、每一组数据、每一个案例，都凝聚着全体附中人的智慧与汗水。它不仅是我校教育改革的"成绩单"，更是我们面向未来的"承诺书"——未来，我们将继续坚守教育初心，以更开放的视野、更创新的思维，在基础教育高质量发展的道路上坚定前行，为培养德、智、体、美、劳全面发展的社会主义建设者和接班人贡献清华附中的力量。

清华附中校长方妍

2025 年 8 月

# 目录

# 第1章

## 课堂改革的缘起

课堂教学是实现教育目标的核心机制，也是培养学生综合素质与能力的重要场所。清华附中充分借鉴国内外知名学校的先进经验，并紧密结合校情，开展了一场『课堂革命』，试图探索出一条教育观念新、教学方法活、学生训练实、课堂质量高的教学新路径。

# "课堂革命"的实施背景

**随**着社会的快速发展和科技的不断进步，传统的课堂教学模式已难以满足学生多样化、个性化的发展需求。在这一时代背景下，课堂教学作为教育的核心环节，亟待一场深刻的变革。清华附中作为全国重点中学，始终致力于探索教育创新之路，以适应新时代教育发展的要求。本节将深入探讨"课堂革命"的实施背景，分析其必要性和紧迫性，阐述清华附中在这一背景下的实践与探索。

## 一、落实国家课堂教学改革的相关要求

课堂教学作为教育的核心阵地，不仅是学生获取知识、培养能力的主渠道，更是塑造人格、激发潜能的重要场所，其对学生的全面发展具有不可替代的作用。

2019 年印发的《国务院办公厅关于新时代推进普通高中育人方式改革的指导意见》明确指出："深化课堂教学改革，按照教学计划循序渐进开展教学，提高课堂教学效率，培养

学生学习能力，促进学生系统掌握各学科基础知识、基本技能、基本方法，培养适应终身发展和社会发展需要的正确价值观念、必备品格和关键能力。"[①] 2024 年北京市教育委员会颁布的《北京市深化基础教育课程教学改革实施方案》也着重强调："推进教与学方式变革，积极探索大单元、任务群等教学内容组织方式的变革，开展主题化项目式学习、跨学科学习、研究性学习等综合教学活动，促进知识结构化。综合运用启发式、互动式、探究式等多种教学方法，突出学生主体地位，注重学科思想方法，鼓励学生合作学习和深度学习，培养自主学习能力。"[②] 这些政策文件为各学校的课堂教学改革指明了方向，也为清华附中的课堂改革提供了坚实的政策依据。

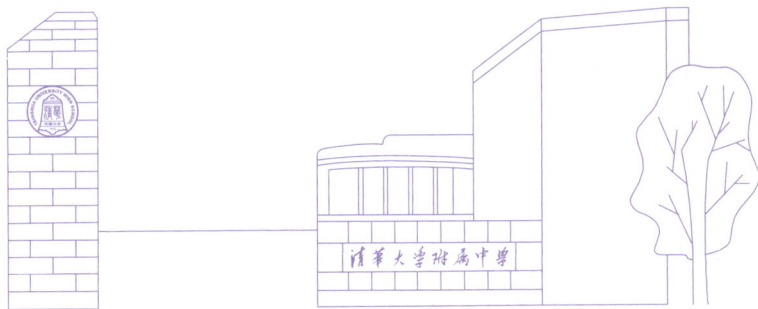

---

[①] 教育部.国务院办公厅关于新时代推进普通高中育人方式改革的指导意见 [EB/OL]. (2019-06-19)[2025-06-01]http://www.moe.gov.cn/jyb_xxgk/moe_1777/moe_1778/201906/t20190619_386539.html.

[②] 北京市教育委员会.北京市深化基础教育课程教学改革实施方案 [EB/OL]. (2024-08-08)[2025-06-01]https://jw.beijing.gov.cn/xxgk/2024zcwj/2024qtwj/202408/t20240808_3769831.html.

在百余年的办学历程中，清华附中始终与国家教育使命同频共振，与时代发展紧密相连。面对新时代对教育质量的更高要求和学生发展的个性化需求，我们深刻认识到，传统教学模式培养不出学生的核心素养，也难以满足未来社会对创新型人才的需求，必须不断深化教学改革，使之更加适应信息时代的社会变化，更加贴近学生的实际需要。因此，清华附中致力于通过课堂改革，打破传统教学局限，构建以学生为中心的新型课堂，激发学生的学习主动性，培养他们的自主学习能力、创新思维和实践能力。这不仅是落实国家教育改革要求的必然选择，也是助力学生成长为适应时代需求的高素质人才的重要举措。

## 二、本校教学中亟待解决的实践问题

长期以来，清华附中坚决落实"立德树人根本任务"，开展各类拔尖创新人才和专长人才的培养实践，形成了以学生为主体，学科竞赛人才培养、高水平体育人才培养、高素质文艺美术人才培养以及科技创新人才培养的一体多翼办学格局。教师队伍专业素质过硬，教育教学成绩显著，人才培养质量不断提高，输出了一批批品学兼优、有责任、有担当、心系祖国未来的青年。自 1983 年至今，已有 2000 多名毕业生进入清华大学、北京大学，先后有 150 多人次获得北京市金帆奖、银帆奖。此外，学校还承担了多项国家基础教育重大项目，为基础教育改革和首都教育均衡发展起到了一定的示范引领作用。

　　尽管在教育实践领域取得了诸多成绩，但清华附中在课堂教学方面仍存在一些亟待解决的问题，这也是我校积极推进课堂改革的重要原因。例如，随着国家教育改革的不断推进，学校以往的课堂教学模式已经难以满足学生多样化、个性化的发展需求；有些课程内容更新相对滞后，难以充分激发学生的学习兴趣和创造力；一些教师的教学方法仍然较为单一，以讲授为主，缺乏对学生自主学习、合作学习和探究学习的有效引导，在一定程度上限制了学生思维能力的培养；部分教师的教学理念尚未完全适应新时代教育的要求，对核心素养培养、信息技术与教学融合等方面的理解还不够深入……

　　为有效解决课堂教学中存在的问题，着力提升学校的教学质量，同时也为学生的全面发展和个性化成长提供更加优质的教育环境，清华附中致力于通过更新教学理念、优化教学设计、引入信息技术等多种方式，重塑课堂教学模式。在《清华附中发展纲要》的 3 年规划中，学校特别关注课堂教学质量的提升，提出要着力解决教学内容陈旧、教学方法单一、教学理念落后等问题。清

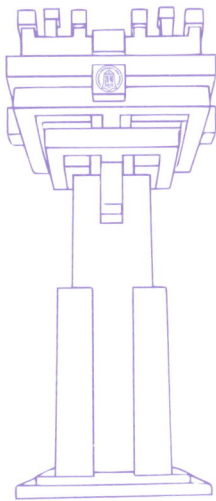

华附中"十四五"规划也明确规定，注重教育教学改革，着力培养学生认知能力，注重启发式、探究式、参与式、合作式等教学模式的应用。在此背景下，我校以"提质增效"为重点，开展了一场轰轰烈烈的课堂改革。这场改革实践了诸多创新举措，不仅为学生创造了更具活力和针对性的学习体验，也为教师的专业成长提供了新的契机，使得学校的教学质量有了显著的提升，因而可以称得上是一场"课堂革命"。

## 三、满足学生个性化发展的实际需求

在新时代背景下，教育目标已经从单纯的知识传授转变为全面育人。特别是对于像清华附中这样的优质中学而言，如何满足全体学生的个性化发展需求，已经成为学校教育改革的重要目标。在国家政策的指引下，我们一直致力于教育教学的创新研究，努力激活师生活力，全面提高教学质量。

与很多同类学校相比，清华附中大多数学生的学习基础扎实，思维活跃，对知识的渴望和探索精神更为强烈。然而，传统的课堂教学模式过于追求集体教学和统一进度，这在一定程度上限制了学生个性化发展，无法全面满足学生成长的需要。从这个方面来说，需要全面推进教学方式的变革，通过科学的学习指导，为每个孩子提供更适合的教育。

通过与清华大学、北京体育大学、中央美术学院等高校和科研机构进行深入合作，我校已经在教育教学改革方面取得了一定成果，形成了较为成熟的体育特色人才、美术特色人才、科技创新人才培养机制。但目前的改革成果还无法满足更广范围内学生发展的需要，因此需要进一步深化课堂改革，坚持因材施教，为每一位学生提供更加优质、更具针对性的教育服务，助力他们实现全面发展和自我价值提升。

基于以上实际情况，我们认识到，要想实现每个学生的个性化发展，就必须深入研究课程的内容与要求和课堂教学规律，变革教与学的方式，优化课堂教学模式，让所有学生都能在课堂上找到适合自己的学习方式，让不同层次的教学满足不同能力学生的需求。首先，每个学生都是独特的个体，拥有不同的学习风格、兴趣和潜能。因此，课堂教学必须尊重学生的主体地位，发挥教师的主导作用，注重启发式、互动式、探究式教学，避免单纯的"教师讲，学生听"的单向知识传授模式，引导学生主动思考、积极提问、自主探究，适应不同学生的学习节奏和发展方向。其次，课堂教学的深度和广度决定了学生批判性思维、创新能力和解决问题能力的高低。因此，需要开展富有挑战性的教学活动，持续推进大数据、人工智能等信息技术在教学中的应用，促进精准化、个性化教学，激发学生的学术好奇心和研究热情，培养他们的专业素养和终身学习能力。最后，课堂教学的实践性和体验性有助于学生在实际操作和亲身体验过程中学习知识、掌握技能。因此，需要积极探索发展学生核心素养的教学实践模式，打造更加优质、高效、多元的课堂生态，使学生能够将理论知识应用于实际问题的解决中，提升他们的社会责任感和职业素养。

## 四、"课堂革命"的理论依据

"课堂革命"的开展并非凭空而来，它有着坚实的理论基础和丰富的思想源泉。其中，马克思关于人的全面发展理论为"课堂革命"指明了方向，习近平总书记关于教育的重要论述为"课堂革命"提供了明确的行动指南，深度学习理论则为"课堂革命"提供了具体的思路和方法。这些理论相互交织、相互支撑，共同构成了"课堂革命"的理论依据，为清华附中的教学创新发展奠定了理论基础。

### 马克思关于人的全面发展理论

教育的最终目的是养成智慧，完善人性，促进人的全面发展，因此"课堂革命"的开展需要建立在理解人、尊重人的基础上。马克思关于人的全面发展理论为"课堂革命"提供了坚实的学理依据，同时也为学生营造了有利于全面发展的理论环境，使学生能够在更加自由、自主、和谐的氛围中，实现知识、能力、情感、态度、价值观等方面的全面发展。

## 习近平关于教育的重要论述

党的十八大以来，习近平同志围绕教育发表了一系列重要论述，科学地回答了"培养什么人、怎样培养人、为谁培养人"的根本问题，这为培养全面发展的人、为全面推进"课堂革命"提供了有力支撑，具有十分重要的指导意义。

⊙ **立德树人**

立德树人关乎党的事业后继有人，关乎国家前途命运。习近平总书记高度重视立德树人工作，并多次强调，立德树人是中国特色社会主义教育事业的根本任务，是教育发展的精髓内核和中心环节，是各项教育工作的出发点和落脚点。

⊙ **教育改革创新**

依据习近平总书记关于深化教育领域综合改革的讲话精神，我校的"课堂革命"特别注重在教学内容、方式方法等方面进行全面改革，哪里是课堂教学的痛点、难点，哪里就是"课堂革命"的重点。

⊙ **教师队伍建设**

习近平总书记指出，教师是教育发展的第一资源，是国家富强、民族振兴、人民幸福的重要基石。清华附中将"教师教学能力提升"作为"课堂革命"五大举措中的首要任务，不仅定期邀请专家教授帮助一线教师深入理解"课堂革命"，引导他们在改革探索中提炼和升华教学理念，打造具有清华附中特色的"魅力课堂"；而且积极鼓励各教研组勇于创新、大胆尝试，设计高质量的教学新模式、新载体，让附中学子在"新型课堂"中迸发出智慧的火花。

## ▍深度学习理论

深度学习是一种伴随着知识时代的急剧变化，以及学习科学的最新研究成果而兴起的学习范式。所谓深度学习，是指在教师的引导下，学生围绕具有挑战性的学习主题，全身心积极参与、体验成功、获得发展的有意义的学习过程。[①] 与以单纯的知识获取和记忆为主要特征的浅层学习不同，深度学习更加强调对知识的理解、生成和建构，注重学生能动地参与教学过程，旨在发展学生广泛的技能、态度，促进其形成完整的人格。

⊙ 学习性质

深度学习以学生的主体性为核心，培养高阶思维能力。在实施"课堂革命"之初，清华附中就明确提出以培养学生的高阶思维为教学目标，重点关注学生"分析、评价和创造"等高阶思维的发展，并将其贯穿课堂教学的始终。

在学生掌握基础知识和基本技能的前提下，教师通过层级式、梯度式、立体式的教学目标设计，引导学生加深对知识具体内容之间内在逻辑的理解，鼓励学生对学习方法、学习结

① 郭华. 深度学习及其意义 [J]. 课程·教材·教法 , 2016(11)：25-32.

果进行深刻反思，对已有观点、个体经验进行质疑和批判，从而提升思维品质，实现深度学习。

⊙ 学习内容　深度学习鼓励学生通过批判性思维，建立新旧经验之间的联系，发现知识背后的意义。具体地说，就是帮助学生从对单个知识点的学习走向对知识结构的掌握，从碎片化学习转向立体式学习。

为了达到这一目的，清华附中各教研组首先对本学科知识进行结构化组织，将各知识点之间进行有效联结，形成知识团；然后以单元、领域等方式联通知识团，实现知识的模块化架构；最后通过网络化的呈现方式展现知识体系之间的逻辑关系，促进知识的拓展和深化。

⊙ 学习过程　深度学习要求创设真实情境，引导学生积极体验与迁移应用。只有这样，学生才能产生积极的情感体验，更好地进入深度学习的状态，将所学知识与新情境建立联系。

因此，学校要求广大教师在"课堂革命"的实施过程中，既要注重学习情境的真实性，通过有目的地设置与学生生活密切相关的教学情境，促进学生与环境的积极互动；又要注重学习情境的差异性和迁移性，通过对关键要素的判断和把握，激发学生深度思考，在相似情境中能够举一反三。

# "课堂革命"的推进思路

在新时代的改革浪潮中，清华附中积极探索并推进"课堂革命"，着力打破传统课堂的局限，以创新思维重塑课堂，构建一个更加开放、灵动、富有活力的教学新生态。这场改革从教育理念、课程内容、教学模式、评价体系等多方面进行了系统性重构，它以学生为中心，致力于培养他们的创新精神和实践能力，同时提升教师的专业素养和教学水平，旨在打造一个充满生命力和创造力的课堂环境，为学生的全面发展提供坚实的支撑。

## 一、"课堂革命"的基本内涵

所谓"课堂"，既指物理形态的课堂——教室、网课，也指抽象形态的课堂——教育教学。课堂无处不在，什么课程适合在什么地方上，这个地方就是课堂。课堂是教育教学的主阵地，是学生除家庭外置身时间最长的地方，是学生学习成长、汲取知识技能、全面发展自我的重要途径。新时代的课堂是立体的、灵动的、超时空的、多样的，是可以突破围墙和桌椅束缚的，是学生个性成长和全面发展的生命场域，是学生获取知识技能、提升人格品行的向往之处。

所谓"革命"，是指重大的革新、创新，它不是一般性的修修补补，而是具有一定颠覆性的变革。但颠覆并非全盘否定传统课堂教学，而是对课堂进行具有深刻意义的批判和重构。这要求学校从新时代的教育需求出发，以一个全新的维度去认识课堂、构建课堂、发展课堂、提升课堂，向 40 分钟要质量、要效率、要结果。在这一过程中，教师需提升"教"的艺术，激发学生"学"的兴趣，每一位教师和学生都能在课堂中找到全新的定位和角色，实现教学相长、相得益彰，达到事半功倍的效果。

在对核心概念进行准确理解和把握的前提下，清华附中推行的"课堂革命"旨在改变传统课堂的价值导向，即一方面要打破课堂单一教授知识、技能的模式，另一方面要创设出立德树人的新型课堂。

其一，打破传统的面向群体的班级讲授模式，构建关注每一位学生发展的差异化课堂。每个学生都是鲜活的生命，都是独一无二的个体，他们有着不同的性格特点、特长爱好、学习需求和发展目标。在此基础上，"课堂革命"强调必须将因材施教的理念真正落实到课堂教学中，学生的差异不应被视为负担，而应被看作宝贵的资源和机会。教师需要不断提升自身的能力和水平，敏锐地捕捉每个学生的独特之处，并为他们提供适合的教育，从而让每个学生都能成为最好的自己。

其二，打破以教师为中心、教材为中心、教室为中心的"三中心"模式，创设以学生为中心、以课程为中心、以学习为中心的新型课堂，打造"以学为本""为学而教"的课堂。首先，"课堂革命"树立了以学生为中心的教育理念，旨在彻底改变教师在三尺讲台上满堂灌、填鸭式的"教师教学中心"模式，将学生的被动静听转变为"以学生学为中心，教师启发引导"的教学模式；其次，摒弃照本宣科的讲授方式，深挖教材，创设适合班级学生实际的课程，以课程建设和核心素养的培养为核心，解决课堂教学与生活实际脱节的问题，促进每一个学生的全面发展；最后，突破传统教室这一物理场所对教学活动的限制，把学校和社会变成广泛存在的学习场域。

其三，打破传统教学的时空界限，创设技术赋能的新时代课堂。搭乘数智时代信息技术的高速列车，综合运用多种信息化手段，为新时代的课堂教学赋能。让课堂连接全世界，让全世界成为课堂，使 40 分钟的课堂成为高效、高能的收获场。

总体而言，"课堂革命"不仅仅是颠覆，更是重构与新生。它通过"理念更新—课堂实践—全校推广" 3 个步骤，实现课堂的高质量发展。从学生角度来看，"课堂革命"形成了以"来自学生的教学设计"为载体的高质量课堂教学模式，实现了"以学定教"和"教学合一"。这有利于调动学生主动参与的积极性，培养学生自主学习的意识和能力，使学生不仅掌握所学知识技能，还能提升综合素养。从教师的视角来看，"课堂革命"有利于激励教师进一步更新教育教学观念，改进教学方法、教学行为和教学手段，增强自我革新意识，提高课堂教学质量，促进教学水平的提升，形成独特的课堂教学特色。

## 二、"课堂革命"的主要举措

在落实学科课程方案的过程中，我们发现当时的课堂还存在诸多问题，如教学理念较为陈旧、教学过程缺少互动、教学方式比较单一、教学评价过于片面等。为建设高质量的课堂，促进课程改革的落地实施，"课堂革命"主要从五个方面进行重点突破：一是提升教师教学能力，二是重构课程教学内容，三是转变课堂教学关系，四是革新课堂教学方式，五是构建课堂评价体系。同时，积极建立理念革新机制、课堂监督机制、奖励机制、活动保障机制等实施机制，多种举措并行，全方位推进，切实提升教师"教"的艺术和学生"学"的兴趣。

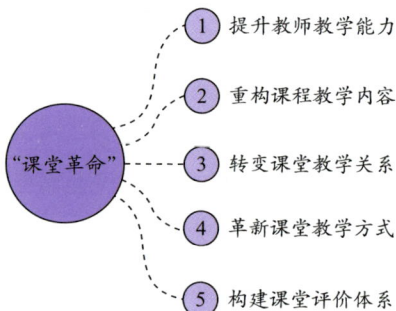

"课堂革命"

1 提升教师教学能力
2 重构课程教学内容
3 转变课堂教学关系
4 革新课堂教学方式
5 构建课堂评价体系

"课堂革命"主要实施内容

## 教师教学能力的提升

推动"课堂革命"的深入实施，首先需要从更新教师的教学理念和提升教师的教学能力着手。清华附中采取了多元化的培训方式，包括专家讲座、集中培训和朋辈交流等，帮助一线教师深入理解"课堂革命"的内涵，建立起持续自我革新的教学思想。学校还特别邀请业界专家就"教学设计中的明辨性思维""基于核心素养的课堂教学改进""中学项目式学习的实践策略"等热点问题进行讲解，为教师提供切实有效的教学改进策略。此外，学校还成立了"海外研修教师团"，组织教师远赴美国、加拿大等国家进行研修。国际视野的引入，不仅有利于广大教师的专业成长，也为"课堂革命"的持续推进提供了宝贵经验。

## ▍课程教学内容的重构

课程内容的重构不仅是"课堂革命"的核心，还是激发学生潜能、培养学生能力的基石。清华附中特别强调对教材内容的深度整合，通过跨学科的教学设计，将抽象的理论知识与学生的实际生活紧密结合，从而促进学生对知识的全面掌握和深入理解。学校不仅通过举办各类学科竞赛和特色活动，如"天学杯"词王争霸赛，激发学生的参与热情和学习兴趣，为学科间的知识交流与融合提供平台；还通过开展"双减背景下物理学科德育的实施探索""基于核心素养的跨学科案例研究"等课题研究，鼓励教师开展跨学科实践。这些跨学科的教学实践旨在激发学生的学习兴趣和探索精神，培养学生的跨学科核心素养，让他们在新型课堂中展现独到的见解和创新能力。

## ▍课堂教学关系的转变

在清华附中，课堂不再是知识的单向传递场所，而是师生共同成长、知识共融的生命互动场所。学校致力于构建一种新型的师生关系，将学生置于教学设计的中心，实现教学与学习的深度融合。通过开设多样化的学生自创活动，为学生提供一个展示个人才华、研究兴趣的平台，这不仅丰富了学生的学术视野，而且锻炼了他们的组织能力、语言表达能力和课堂掌控能力。此外，"课堂革命"还引入了课堂监督机制，如学科顾问的听评课、备课组的推门课及问卷调查反馈等，以此倒逼教师尊重学生的意见和学习行为，尊重学生的认知规律和人格，与学生建立合作学习的关系，共筑课堂生命共同体。

## 课堂教学方式的革新

课堂教学方式革新是提高教学质量和学生学习效果的重要手段。面对传统教学模式以教师为中心、学生处于被动接受者的现状，清华附中着力革新课堂教学方式，依托于学校功能齐全的硬件设施和现代信息技术，鼓励学生开展自主探究学习、项目式学习、小组合作学习等多样化学习方式，让学生主动参与到学习过程中，提高他们的学习兴趣和动力。与此同时，学校积极推进教师在教学过程、教学方式和教学手段方面的创新与变革，要求教师不断更新教育观念，通过问题式教学、生活化教学等教学方式，来提升自身专业素养和教育水平，加强教师之间的交流和合作，最终推动整个教师团队的发展。

## 课堂评价体系的构建

课堂评价可以帮助教师及时掌握学生的学习情况，更好地调整教学策略，提高教学效果。在"课堂革命"的推进过程中，清华附中逐步形成了适用于各学科的课堂评价体系。该体系以科学、可操作的量表为载体，涵盖了 2 个观察维度、6 个观察要素、13 个观察指标、26 个观察点，旨在精准评估学生的课堂参与度、思维活跃度以及练习深入度，同时有效考量教师的教学有效性、设计系统性和教学目标达成情况。这一评价体系有助于全方位地评价课堂教学，让学生能够更好地了解自己的优势和不足，有针对性地改进学习方法和提高学习能力；同时也为教师提供了深入洞察学生学习状态的窗口，以便及时调整教学方法，更好地指导学生的成长和发展。

## 三、"课堂革命"的实施步骤

　　清华附中按照"制度先行—形成焦点—落实推广"的思路，对"课堂革命"进行一步步地深入推进，实时监控"课堂革命"的发展方向与落实情况，使其最终能够惠及全体师生，促进学校教学质量的全面提升。

### 整体实施规划

　　在"课堂革命"过程中，教研组是主要的实施单位。由组长带领组员积极开展听评课活动，重点关注学科课堂教学情况，及时发现并整改问题，推动"课堂革命"的深入发展，提升教学质量。同时，充分利用教研组例会这一平台，倡导教师们积极参与组内的听评课，直面问题，敢于"红红脸，出出汗"，真正发现课堂教学中存在的问题，从而促进"课堂革命"的有效落地。

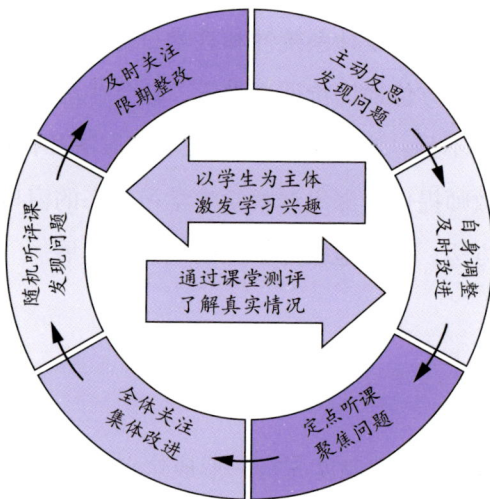

⊙ 主动反思　收集问题并改进。各教研组全体教师以自身教学为依托，主动反思课堂教学中存在的问题，并提出切实可行的改进方案。

⊙ 定点听评课　聚焦课堂问题并改进。各教研组适时推进定点听评课制度，尤其关注青年教师，针对本学科课堂教学较为集中的问题，进行深入聚焦，并组织全组教师共同整改。

⊙
**随机听评课**
发现并解决问题。以各教研组为单位，由教研组长带头进行随机"推门课"，及时发现课堂问题，给予重点关注，并限期整改。

⊙
**测评调查**
阶段性开展课堂教学测评调查。教学管理部门通过学生问卷调查等方式，持续收集课堂教学的相关信息，全面了解"课堂革命"的实施情况，精准把控其发展方向。

## 具体实施步骤

"课堂革命"实行三年规划（2023—2026 年），计划分为三步。首先，更新理念，示范实践；其次，课堂实践，备课组建设；最后，教研组铺开，全校推广。三个步骤由点到线，再由线到面，循序渐进，立体推进。

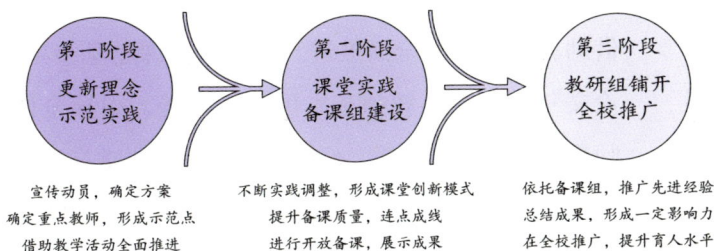

第一阶段
更新理念
示范实践

第二阶段
课堂实践
备课组建设

第三阶段
教研组铺开
全校推广

宣传动员，确定方案
确定重点教师，形成示范点
借助教学活动全面推进

不断实践调整，形成课堂创新模式
提升备课质量，连点成线
进行开放备课，展示成果

依托备课组，推广先进经验
总结成果，形成一定影响力
在全校推广，提升育人水平

▲ "课堂革命"具体实施步骤

## 第一阶段：更新理念，示范实践

**前期**
⊙ 充分宣传并动员。成立专门机构，明确工作方案，搭建实施平台，形成有效的工作机制和规模效应；在各教研组长会议上进行充分动员和宣传；在主管校长的直接领导下，由各教研组长牵头制订本学科的"课堂革命"实施方案，并与全组教师共同负责方案的落实。

**中期**
⊙ 确定重点教师，形成示范点。确定学科教研组的重点教师，树立榜样，展示与"课堂革命"相关的先进教育理念和有效教学方法，形成"课堂革命"的示范点；各教研组确定 1～2 名教师（可以自愿报名），作为本组"课堂革命"的先锋，展示自己课堂创新的亮点，每周安排固定时间进行展示（或采用"推门课"形式），为本学科或者跨学科教师提供观摩学习的机会。

**后期**
⊙ 借助教学活动，全面推进。通过校内课题基金项目、论文年会、青年教师基本展示活动等，引导全体教师聚焦"课堂革命"，不断探索并汇聚课堂高质量发展的新方法、新方式、新成果，带动全体教师积极参与创新实践。

## 第二阶段：课堂实践，备课组建设

⊙
**前期**
充分实践，并不断验证。在全体教师的积极探索过程中，不断实践、调整和验证效果，以备课组为单位形成符合学情的课堂创新模式。

⊙
**中期**
积极推进备课组备课创新工作。备课组提升备课活动质量，聚焦"课堂革命"，组织本组教师开展集体备课，确定本学科的教学内容及方式，同时不断校正，确保"课堂革命"落地并取得实效。

⊙
**后期**
进行开放式备课，展示备课组成果。通过学校组织的各种活动，展示备课组成果，推广备课组的先进经验。通过展示、评比，促进"课堂革命"的深入开展。

## 第三阶段：教研组铺开，全校推广

⊙
**前期**
推广备课组经验，树立榜样。在"课堂革命"不断深入的进程中，教研组树立优秀的备课组榜样，推广其成功经验，推动教研组在教学研究方面不断自我更新，保持持续提升的状态。

⊙
**中期**
教研组梳理经验，形成改革成果。各教研组以"课堂革命"为中心，整理教学质量不断提高的经验和成果，形成相关案例并进行推广，在全区、全市形成竞争力，打造清华附中教学品牌。

⊙
**后期**

在全校推广，使课堂教学具有自我革新能力。通过多种活动及多轮总结，形成课堂教学自我革新的机制，根据学情积极调整教学策略，促进学生全面发展，整体提升学校教书育人水平。

## 各学期侧重点

⊙
**第一学期**

聚焦教育理念的提升。通过专家讲座、教研组长例会、海外研修等多种方式，聚焦全体教师的教育理念提升及教学水平提高。借助教学基本功展示和听评课活动，帮助教师打造富有生命力的课堂，将"以学生为中心，以核心素养与高级思维为两个基本点，以多样的、丰富的、变化的、沉浸其中的为四个基本元素"的教学理念深入贯彻到每位教师心中。

⊙
**第二学期**

聚焦教学设计及评价。在教学设计过程中，着重关注不同班型、不同层次学生的学习需求，形成基于学生真实学情的课堂设计。在教学评价过程中，重点关注学生的反馈与收获，构建注重学生体验与效果的课堂评价体系。

⊙ **第三学期**

聚焦一线教学实践。将"课堂革命"理念贯彻到基于学生需求的课堂设计中，着力体现学生的参与度、收获度、思维度，打造尊重学生的、知识鲜活的、学生主动参与的、具有生命力的课堂。

⊙ **第四学期**

聚焦教学形式改变。在课堂教学实践中，积极探索多种新的教学形式，如跨学科教学、依托信息技术支持的教学、互联网背景下的教学、项目式学习等，丰富教学手段，提升教学效果。

⊙ **第五学期**

逐步形成教研组成果。各教研组依托本学科特点，形成具有学科特色的教研组成果，包括优秀的教学设计、优秀的课例展示、科学的学科教学观、科学的学科教学评价量表。

⊙ **第六学期**

逐步形成校级成果。经过多次活动及总结，最终形成具有清华附中特色的课堂教学成果，整体提升学校教学水平。例如，打造清华附中高素质、高质量、高水平的教师队伍；打造全学科始终以学生为中心的高质量课堂；形成清华附中"有生命力的课堂"学科观；形成清华附中"有生命力的课堂"教学观；形成清华附中"有生命力的课堂"评价体系。

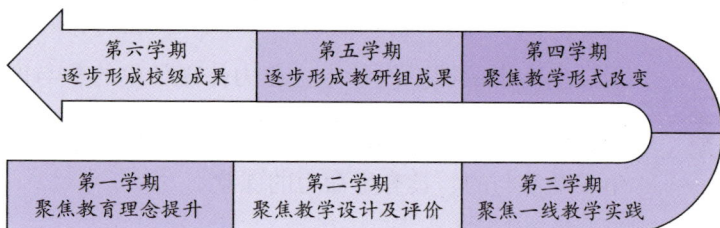

| 第六学期 | 第五学期 | 第四学期 |
|---|---|---|
| 逐步形成校级成果 | 逐步形成教研组成果 | 聚焦教学形式改变 |

| 第一学期 | 第二学期 | 第三学期 |
|---|---|---|
| 聚焦教育理念提升 | 聚焦教学设计及评价 | 聚焦一线教学实践 |

▲"课堂革命"各学期侧重点

在清华附中这场意义深远的"课堂革命"中，我们始终坚守教育初心，以学生为中心，致力于构建一个充满活力与创新的教学新生态。从理念更新到实践探索，从教师专业成长到学生全面发展，每一步都凝聚着全体师生的努力与智慧。通过"课堂革命"，清华附中不仅提升了教学质量，更激发了学生的学习热情与创造力，为培养适应时代需求的高素质人才奠定了坚实基础。这场"课堂革命"已为学校教育发展注入强大动力，将持续引领我们向着更高目标迈进，即让每一个孩子都能在清华附中这片沃土上茁壮成长，实现自己的人生价值。

# 第2章

## 课程体系

### 创新

为进一步落实『立德树人』的根本任务，提升学生跨学科核心素养，清华附中从现有课程体系出发，对照国家课程标准，寻找差距和不足，进一步丰富和完善各学科的课程建设，致力于在教学实践中将课程体系建设落到实处。

# 课程建设的历史阶段

随着教育改革的不断推进，清华附中的课程建设经历了从传统到创新、从单一到多元的演变过程。回顾整个建设阶段，梳理其发展历程与经验，有助于深入探索课程建设的内在规律和发展趋势，为未来课程体系的持续优化和创新发展提供有益的启示和借鉴。

## 一、课程建设 1.0 阶段

自 2007 年起，根据教育部和北京市教委关于普通高中课程改革实验的整体规划，清华附中全面启动了各学科的教学改革实验。学校在创新和实践的基础上，构建了特色鲜明的课程体系，主要包括"核心课程、综合课程、领导力课程、学生自创课程"四大板块。这一课程体系的建立，全面提升了教育教学质量，有力推动了学校内涵式、特色化发展。

### 课程目标

为实现新形势下的育人目标，清华附中在课程建设上力图建立分层次、综合性、多样化、个性化的培养方式和系统完整的课程体系，课程目标如下。

⊙ **分层次**　关注学生的个体差异和不同发展倾向，通过构建基础类、拓展类、研究类的分层课程结构，为学生提供不同难度和深度的学习路径，促进学生的自主选择和主动学习，助力学生在适合自己的课程层级中实现个性化成长。

⊙ **综合性**　将课程内容与实际问题、社会进步、科技发展紧密结合，打破学科界限，设计跨学科的综合课程模块，培养学生运用多学科知识解决复杂问题的能力，拓宽学生的视野，提升学生的综合素养和创新能力。

⊙ **多样化**　促进学生学习方式的多样化，采用自主学习、合作学习、探究学习等多种学习方法，激发学生自主获取知识的愿望和能力，丰富课程形式，如社会实践课程、项目式学习等，满足学生对于不同的学习风格和兴趣的需要。

⊙ **个性化**　加强学校课程与学生生活的联系，增设适应时代需要的新的课程领域或课程门类，为学生提供多元化的课程选择，帮助学生在有兴趣、有特长的领域深入发展，成长为具有独特优势的人才。

⊸◦— ━━━━━ 课程结构 ━━━━━ —◦⊷

在国家育人目标的指引下，清华附中围绕办学理念与培养目标对学校课程进行了整体建构与顶层设计。首先，把原有的国家课程按照新的思路重新整理，形成基础类、拓展类、研究类 3 个层次的立体化核心课程。这不仅能使所有学生都找到自己感兴趣的课程，还能满足不同能力学生的个性化需要。此外，为进一步体现学校的特色化育人目标，实现清华附中的育人使命，学校创新性地开发了围绕核心课程的特色课程体系：综合课程、领导力课程以及学生自创课程。

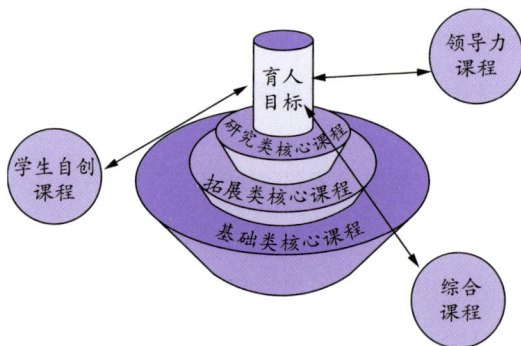

课程建设 1.0 阶段整体结构

**┃ 核心课程**

为了高质量地完成国家课程，充分利用学校传统优势、地域优势和周边的社会资源，清华附中将国家课程中同一学科的原有模块内容进行了重组整合，经过压缩和拓展，最终创建了具有选择性、层次性、体系化的核心课程体系。

原本的国家课程

压缩后的国家课程

对国家课程内容进行拓展

整合（压缩、拓展）后的国家课程

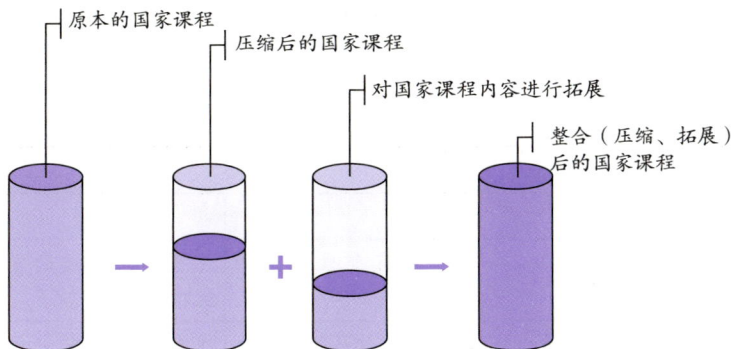

▲ 课程建设 1.0 阶段核心课程结构

　　首先，根据学生的能力和需求，学校将原有国家课程体系内的核心知识与思想方法进行梳理、重组、整合，并增添了符合学生年龄特点的其他教学内容，最终形成了有助于全体学生掌握基础知识和技能的基础类核心课程。该课程既满足了国家课程要求，又为学生提供了更加丰富的学习内容。

　　其次，为了更好地实现不同类别课程的系统性和关联性，学校根据学科基础课程的模块化重组架构，进一步开发出与模块相对应的拓展类核心课程。该课程兼顾了学科前沿和经典理论，注重理论深入与实践应用，为学生的特长发展提供了有力支持。

　　最后，为了给有学术潜质的拔尖创新人才创造条件、搭建平台，学校形成了以培养发现问题的能力与解决问题的能力为目标的研究类核心课程。该课程类型注重课程的生成性与创新性，并尝试导师制培养与团队合作学习模式。

### 3 个层级核心课程的具体说明

| 具体信息 | 类型 | | |
|---|---|---|---|
| | 基础类核心课程 | 拓展类核心课程 | 研究类核心课程 |
| 面对群体 | 全体学生 | 具有个性需求的学生 | 具有学术潜质的学生/团队 |
| 课程特点 | 注重学科的核心知识与思想方法 | 注重拓展性、独立性和连贯性 | 注重提升研究水平和创新意识 |
| 课程宗旨 | 满足国家课程要求，为学生的发展打下基础，保证学生的全面发展 | 满足学生的兴趣与个性需求，为学生特长发展与未来专业发展奠基 | 为拔尖人才搭建成长平台，提升学生的科研能力和创新能力 |
| 课程内容 | 国家课程中必修和必选内容 | 基于国家课程的六小类：学科拓展课程、科技探索课程、生活技能课程、人文实践课程、艺术欣赏课程、体育竞技课程 | 与清华大学学堂计划对接、与北京大学元培计划对接类课程；与国内、国际各类面向中学生的比赛对接的课程 |
| 教师行为 | 整合国家课程 | 针对学生需求，开发内容丰富、形式多样、多层次、系列化的校本课程 | 双导师（中学、大学）制为主，引导学生走进项目，为进入项目打下知识、能力和意志力的基础 |
| 教学形式 | 行政教学班为主，走班分层教学为辅 | 兴趣班 | 项目团队 |
| 评价形式 | 笔试为主 | 笔试与报告结合 | 项目成果为主 |

▌综合课程

综合课程以真实问题为出发点，以多学科交叉为主要特征，旨在通过跨学科的学习方式，加强科学世界与社会生活、学生已有经验之间的联系。该模块课程广泛涉猎不同学科领域，着力增强学科间的深度融合，从而有效激发了学生的学习兴趣，提升学生对自然、社会以及自身的整体认识。通过这种课程设计，学生有机会参与到更具"真实性"的学习情境中，培养批判性思维能力、解决问题的能力、学术交流能力，以及学习和创新技能、信息媒体和技术技能、生活和职业技能等21 世纪所必需的各项能力，最终成长为独立思考、敢于质疑、善于合作、勇于探索的全面发展的人。

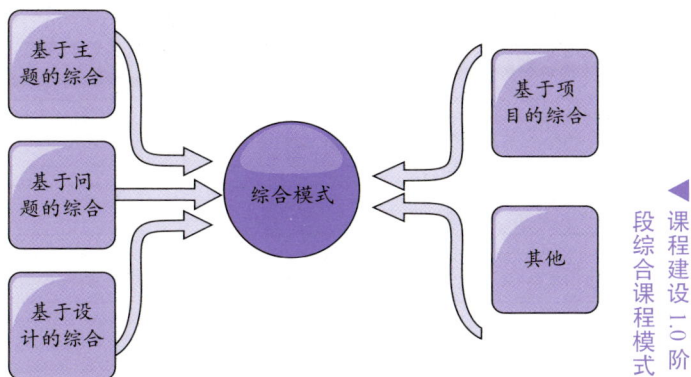

课程建设 1.0 阶段综合课程模式

综合课程以"认识和尊重自然，理解和适应社会，了解和发展自我"为核心，以真实问题为研究对象，主要分为以下3 个领域的课程：其一，"科技与社会"领域课程以培养学生的科学素养为主要目的，强调学生应从多角度、多层面运用知识来设计问题解决方案，突出对学生批判性思维和社会伦理道德观的培养；其二，"人文与艺术"领域课程致力于提升学生的人文素养和艺术修养，涵盖视觉艺术、音乐、表演艺术等多个方面。该课程旨在增强学生的艺术鉴赏力，丰富学生的生活情趣，激发学生的艺术潜能，从而促进学生人格的全面和谐发展；其三，"运动与健康"领域课程以三维健康理念、体育运动的特性以及国际体育课程的发展趋势为依据，涵盖运动参与、运动技能、身体健康、心理健康和社会适应五大领域，旨在综合提升学生的各方面能力。

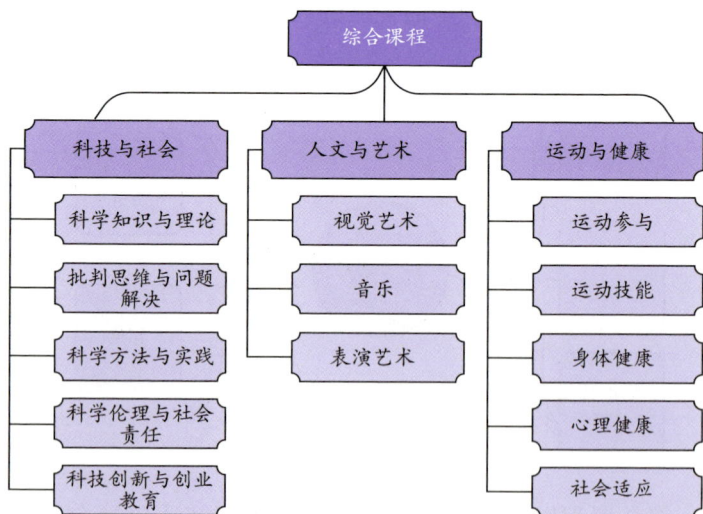

▲ 课程建设 1.0 阶段综合课程结构

## ▌领导力课程

清华附中的学生群体在同龄人中普遍表现出较高的学术水平和综合素质，因此，学校对学生的能力培养有着更为严格的定位，不仅要求学生具备基本的公民素养，更强调他们应发展出必要的领导才能。在这样的教育理念指导下，学校设计了一系列具有清华附中特色的领导力课程，以此培养学生的大局观、责任感、计划性、判断力、影响力和创造力，使其具备未来社会各行业领军人物的素养。

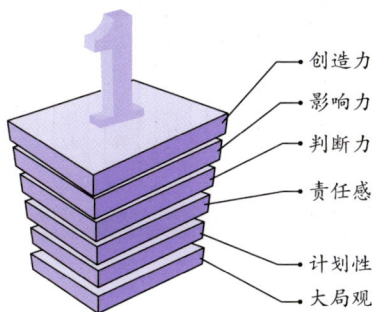

创造力
影响力
判断力
责任感
计划性
大局观

领导力课程目标

课程建设 1.0 阶段

领导力课程致力于促进学生个人与目的超越、沟通与人际关系锤炼、行为与变化超越等能力的发展，具体包括面向全体学生的基础类必修课程、满足学生个性需求的拓展类选修课程、针对项目团队与个人的研究创造类选修课程 3 个类别。其中，基础类必修课程按照学生年龄层次的不同，设置了不同主题的、阶梯式的课程内容，包括生涯规划课程、素质提升课程、系列班会课程等，帮助学生达到合格中学生的标准；拓展类课程面向有强烈自我提升意识的学生，包括领袖训练营课程、模拟联合国课程、财商训练课程等，以培养学生的团队意识和领袖责任感；研究创造类课程包括大型项目研究中的社团建设和发展、重大比赛策划和组织等，通过提供实践平台，方便学生组成跨年级团队进行项目研究。

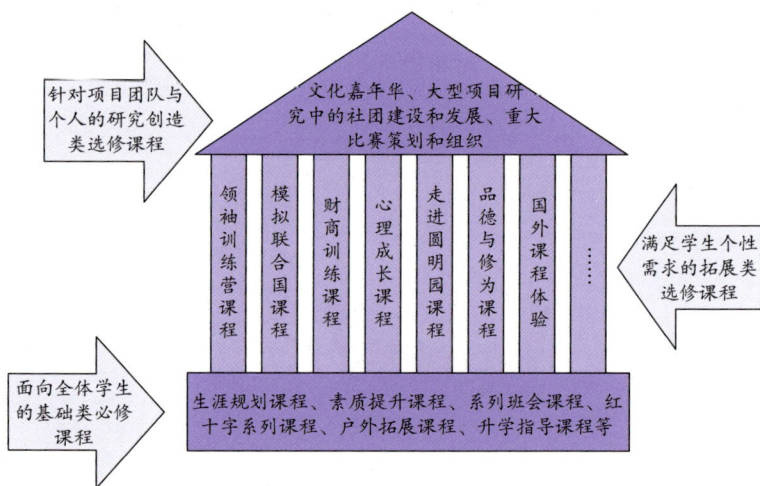

针对项目团队与个人的研究创造类选修课程

文化嘉年华、大型项目研究中的社团建设和发展、重大比赛策划和组织

领袖训练营课程　模拟联合国课程　财商训练课程　心理成长课程　走进圆明园课程　品德与修为课程　国外课程体验　……

满足学生个性需求的拓展类选修课程

面向全体学生的基础类必修课程

生涯规划课程、素质提升课程、系列班会课程、红十字系列课程、户外拓展课程、升学指导课程等

▲ 课程建设 1.0 阶段领导力课程结构

### ▍学生自创课程

学生自创课程是由学生自主开发申报，在教务部门统一审批、规范管理下，为学生搭建的动手实践、探索研究、成果交流的平台。学生自创课程采用动态管理模式，每学期学校会依据实际开课情况对课程的内容和结构进行调整和梳理。

```
                                    ┌─────────────────┐
                         ┌──────────┤     微分学       │
          ┌──────────────┤ 科学类自创课程 ├─────────────────┤
          │              └──────────┤     ……          │
          │                         └─────────────────┘
          │                         ┌─────────────────┐
          │                         │     书法         │
          │              ┌──────────┤                 │
┌──────────┐            │          ├─────────────────┤
│          │            │ 传统文化普及课程├中国历史上独特的女性│
│ 学生自创课程├──────────┤          ├─────────────────┤
│          │            │          │     ……          │
└──────────┘            │          └─────────────────┘
          │                         ┌─────────────────┐
          │                         │  日本动漫欣赏    │
          │                         ├─────────────────┤
          │              ┌──────────┤   美剧赏析       │
          └──────────────┤ 外国文化鉴赏课程├─────────────────┤
                         │          │ 早期欧洲建筑鉴赏 │
                         │          ├─────────────────┤
                         │          │     ……          │
                         └──────────┴─────────────────┘
```

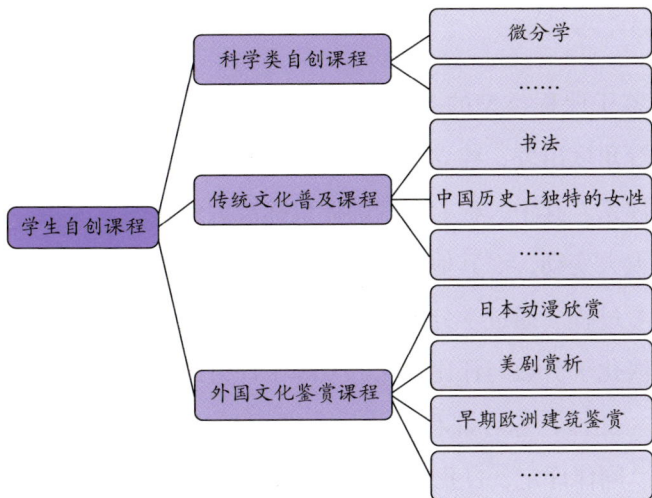

▲ 课程建设 1.0 阶段学生自创类课程结构

　　学生自创课程主要面向部分拔尖学生，学生自主选择教学内容，并担任"小老师"进行授课。他们从自己的视角出发，对教学内容进行筛选和深入思考，通过自己的讲解来传播学科前沿知识，同时培养自身的独立意识和责任意识。其中，科学类自创课程旨在培养学生的科学研究能力和解决问题能力，使学生获得相应学科的基本概念、理论和方法，并最终能够将这些科学的思维融入自己的专业领域；传统文化普及课程主要帮助学生领悟传统文化精髓，掌握一定的传统文化知识，弘扬我国传统的民族文化艺术；外国文化鉴赏课程通过介绍外国文化的特点和模式，来提高学生的艺术鉴赏能力，拓宽学生的国际视野，最终实现对多元文化的理解和包容。

## 课程评价

鉴于课程类型的多样性，清华附中从公平、灵活、易于操作等角度出发，建立了一套自主、开放、多元且注重过程的评价体系。其中，核心课程的评价标准因涉及国家课程，基本没有太大变动，而其他三个模块的课程则采用学分制管理学生的学习过程。通过学分来计算学生的学习量，强化了过程性评价，淡化了分数与评比，充分发挥了评价的激励、诊断和发展功能。此外，综合课程和领导力课程板块还特别引入了教师评定、同伴评定、自我评定以及项目反馈评价等多元评价方式，以确保学生尽可能获得客观、全面的评价。学校在每个评价维度下都设计了详细的评价细则，以保证评价的可操作性和规范性。

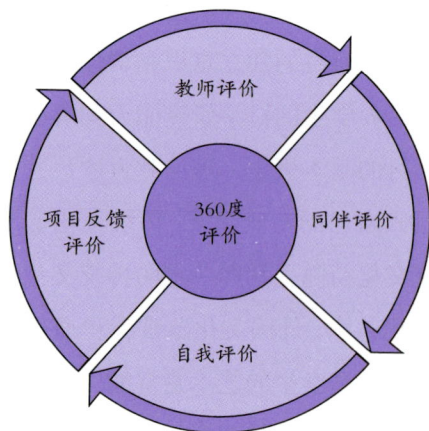

360度评价

教师评价

同伴评价

自我评价

项目反馈评价

课程建设 1.0 阶段
360 度评价体系

学生自创类课程采用过程评价和结果评价相结合的方式，评价的主要维度包括思考能力、写作能力、合作能力等。

课程建设 1.0 阶段学生自创类课程评价

| 评价维度 | | 非常杰出 | 很好 | 好 | 一般 | 待提高 |
|---|---|---|---|---|---|---|
| 听课 | 听讲认真专注 | | | | | |
| | 发言积极主动 | | | | | |
| | 笔记认真细致 | | | | | |
| 作业 | 按时上交作业 | | | | | |
| | 优质完成作业 | | | | | |
| | 主动改进提高 | | | | | |
| 合作 | 积极参与合作 | | | | | |
| | 主动表达观点 | | | | | |
| | 投入成果创作 | | | | | |
| 探究 | 强化问题意识 | | | | | |
| | 知识迁移能力 | | | | | |
| | 课外深入学习 | | | | | |

## 二、课程建设 2.0 阶段

在课程建设 1.0 阶段成果的基础上，学校通过与专家合作研讨，逐步建立并完善了具有清华附中特色的 2.0 阶段课程体系。该课程体系以核心课程为基础，融合衔接课程、生涯课程、综合课程和社会实践课程，构建了一个多层次、立体化的特色课程结构。

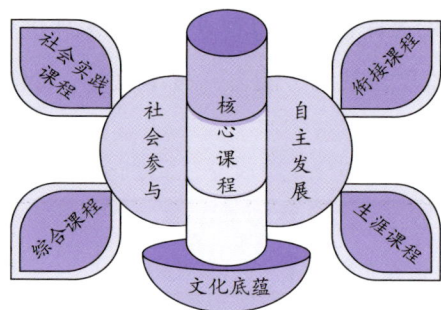

## 核心课程

核心课程是清华附中对国家课程进行整合、压缩、拓展后形成的课程类型，这种校本化的实施方式，既可以高质量地完成国家课程标准的基本要求，又有助于满足不同学生的学习需求。核心课程主要分为基础类课程、拓展类课程和研究类课程 3 种。其中，基础类课程为学生提供基本知识，助力学科核心素养的提升；拓展类课程发挥承上启下的作用，促进人员选拔，丰富课程体系；研究类课程为有学术潜质的拔尖创新人才创造条件、搭建平台，满足他们的个性化需求。

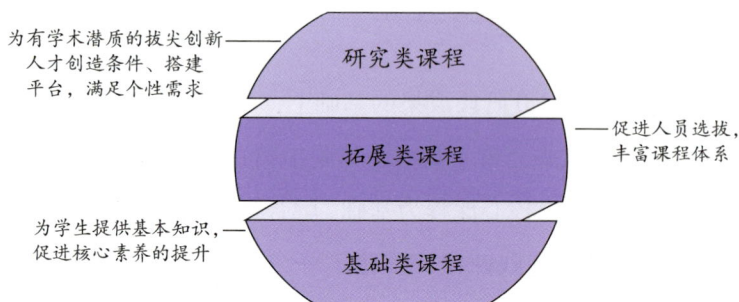

为有学术潜质的拔尖创新人才创造条件、搭建平台，满足个性需求

研究类课程

促进人员选拔，丰富课程体系

拓展类课程

为学生提供基本知识，促进核心素养的提升

基础类课程

▲ 课程建设 2.0 阶段核心课程结构

## 社会参与课程

为了更好地提升学生的跨学科核心素养，帮助学生处理好自我与社会的关系，养成现代公民所必须遵守和履行的道德准则与行为规范，清华附中设计并建构了社会参与课程。社会参与课程主要包括综合课程和社会实践课程。

综合课程通过整合两个或两个以上学科领域的知识，超越了传统分科教学的局限，构建了全新的课程体系。这种跨学科的融合打破了学科壁垒，有助于学生形成对事物全面的认识能力。同时，综合课程紧密结合生活和社会实际，注重实践性，不仅能够增强学生的动手操作能力，还能有效激发他们的创新思维。综合课程主要包括走近圆明园课程、高研实验室课程、文化考查课程、领袖训练营课程、国际安全下的科学与技术等。

社会实践课程以综合性、实践性、现实性、经验性为主要特点，倡导自主体验、主动参与和合作研究的活动方式，旨在为学生提供开放的个性发展空间，发展学生的创新精神和实践能力。这一模块课程包括学生自创课程、班团队活动、社团活动、军训、拓展训练、社区服务等。

```
        ┌─────────────────┐
        │   社会参与课程    │
        └────────┬────────┘
      ┌──────────┴──────────────┐
┌───────────┐            ┌──────────────┐
│  综合课程   │            │  社会实践课程   │
└─────┬─────┘            └──────┬───────┘
```

走进圆明园课程　高研实验室课程　文化考查课程　领袖训练营课程　国际安全下的科学与技术

学生自创课程　班团队活动　社团活动　军训　拓展训练　社区服务

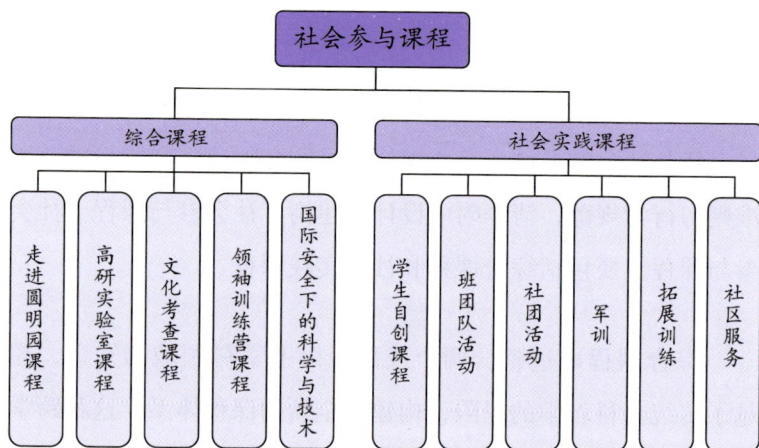

▲ 课程建设 2.0 阶段社会参与课程结构

## ▎自 主 发 展 课 程

　　为帮助学生认识和发现自我价值，有效应对复杂多变的环境，发展成为有明确人生方向、有生活品质的人，清华附中设计并建构了自主发展课程。自主发展课程主要包含衔接课程和生涯课程。

　　衔接课程的目标是帮助学生在有效管理自己学习和生活的基础上，充分发掘自身潜力，进一步明确人生方向。衔接课程主要分为三类：IB、A-LEVEL、AP 等中外衔接课程；中国大学先修课程（CAP）——大中衔接课程；对 8 年（从小学五年级到高中三年级）的教学内容进行统筹安排的内部衔接课程。

　　生涯课程即生涯规划课程，其意在提升学生在认识自我、发展身心、规划人生等方面的能力和水平，具体包括珍爱生命、健全人格、自我管理、职业规划等基本要素。生涯规划课程分年级实施，主要包含人文素养、社会大讲堂、学法指导、时间管理、心理成长等课程。

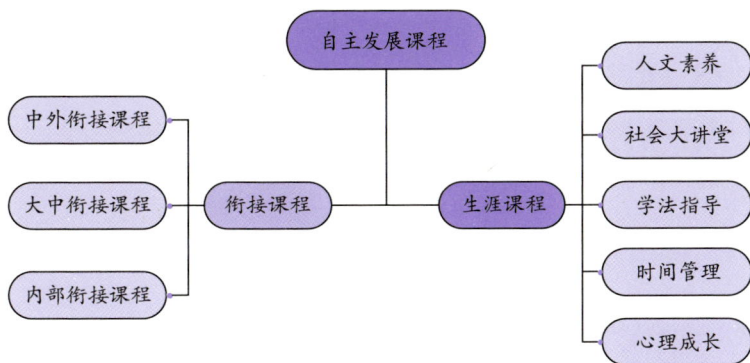

▲ 课程建设 2.0 阶段自主发展课程结构

# 基于核心素养的 3.0 阶段课程体系

清华附中以新版课程方案为标准，以课程建设 1.0 和 2.0 两个阶段成果为基础，进一步优化课程结构、协调课程门类、提升课程品质，最终完成了以核心素养为主题的 3.0 阶段课程体系建设，实现了课程的整体育人功能。

## 一、清华附中学生核心素养

作为学科育人价值的集中体现，核心素养是学生通过学科学习逐步形成的正确价值观、必备品格和关键能力。清华附中在充分研读《教育部关于全面深化课程改革落实立德树人根本任务的意见》《教育部关于印发普通高中课程方案和语文等学科课程标准（2017 年版 2020 年修订）的通知》等国家政策文件的基础上，凝练出具有清华附中特色的核心素养，主要包括人文底蕴、科学精神、审美情趣、健康体魄、社会责任、国际视野 6 个方面。这六大核心素养是学生在接受学科教育过程中逐步形成的知识与能力、过程与方法、情感态度与价值观的综合表现，它们相互支持、互相渗透，共同促进了附中学子综合素养的提升。

## 人文底蕴

人文底蕴强调培养学生对人类文明和文化的深刻理解，使其能够欣赏不同文化背景下的价值观和世界观，以及它们对现代社会的影响。通过语文、历史、英语等学科的学习，学生形成跨文化的沟通能力，对文化有深刻的认识和尊重，从而在全球一体化的世界中发挥桥梁作用，促进不同文化之间的对话和理解。

## 科学精神

科学精神强调培养学生对科学知识的理解和对科学方法的应用，鼓励学生具备探索未知的热情，对科学探究持有严谨的态度，使其能够在面对复杂问题时运用科学思维进行分析和解决，最终在科学、技术、工程和数学等领域中发挥创新和领导作用。

## 审美情趣

审美情趣就是通过音乐、绘画、戏剧等艺术活动，让学生学会感受美、创造美，并认识到它们对提升日常生活品质的重要性。通过接触艺术和感受美，学生能更好地发现美、欣赏美，做到在日常生活中追求美，并将这种追求转化为个人和社会的积极力量。

## ▌健康体魄

健康体魄强调培养学生的健康意识和体能，使其能够理解健康对于个人发展和生活质量的重要性。学生通过体育活动和健康教育，掌握保持身体健康的知识和技能，形成积极的生活方式，以及在面对身体和心理压力时展现出坚韧和适应力。

## ▌社会责任

社会责任强调培养学生的态度与责任，使其能够理解个人行为与社会福祉之间的联系。学生通过社会实践和支教活动等，形成对社会问题的关注和参与，具备解决社会问题的能力，以及在公共生活中发挥积极作用，为社会的和谐与进步做出贡献。

## ▌国际视野

国际视野强调培养学生的世界眼光，使其能够在全球化的背景下理解不同国家和文化之间的相互依存关系。学生通过跨文化交流，形成对全球问题的深刻认识，具备在国际舞台上

进行有效沟通和合作的能力，以及在维护国家利益和推动全球
发展中发挥积极作用。

## 二、课程设置原则

在核心素养的目标引领下，清华附中的课程设计遵循一
致性、层次性、个性化原则，既强调课程的连贯性和持续性，
又注重学生的个性化需求。通过提供一个全面、系统、多样的
学习体验，这一课程设计能够保证清华附中学生形成坚实而多
元的核心素养。

### 一致性

一致性原则强调课程的连贯性和系统性。学校从贯通培
养的思路出发，将初高中课程设计成一个有机的整体，并在初
高衔接期特别设置了衔接课程，以确保学生在知识、技能和态
度上的平稳过渡。此外，学校还通过构建跨学科的学习模块，
帮助学生在不同学科之间建立联系，形成全面性的知识网络。

### 层次性

层次性原则体现在对不同类型课程递进性的重视。鉴于
学生在认知水平、学习需求和兴趣爱好方面的差异，学校在课

程设置时充分考虑到这些个体差异，并着重强调课程的层次性。例如，在国家课程的校本化实施中，基础类课程主要集中于传授学科基本知识和基本技能，而研究类课程则更加注重知识的深化、拓展和应用，以及对学生思维能力、创新能力和实践能力的培养。

### ▍个性化

个性化原则致力于满足学生个性化成长的需要。学校在课程设计时充分考虑每位学生的独特需求，通过提供多样化的课程选择，使学生能够依据个人兴趣和需求选择适合自己的课程。例如，综合课程允许学生基于个人兴趣选择学习路径，而科技课程则为有特殊需求或才能的学生量身定制学习方案。除此之外，学校还提供了一系列丰富的综合实践活动，让学生在实践中培养自己的特长与兴趣爱好。

## 三、课程结构体系

清华附中在专家团队的引领下，最终构建起以分层递进、五育融合、拔尖创新为特色的课程体系。课程体系以三级核心课程为基石：基础类课程夯实学科知识与技能，确保学生掌握扎实的学科基础；拓展类课程深化知识应用与综合能力，帮助学生在更广泛的领域中应用所学知识；研究类课程聚焦学术探究与创新思维，培养学生的研究能力和创新精神。同时，学校还面向全体学生开设了德育课程、生涯课程、综合课程及社会实践课程等融通课程，旨在拓宽学生视野、激发创新意识，促进学生全面发展。此外，针对在不同领域具有专长和天赋的学生，学校设置了精深课程，涵盖体育特长、艺术素养、人文创新、科技创新及大中衔接等方向，精准对接学生兴趣与潜能，促进其个性化、差异化发展。

▲ 基于核心素养的 3.0 阶段课程结构

## 核心课程

清华附中遵循国家课程标准中对学科核心素养的要求，将课程体系的第一板块定为核心课程，主要包括国家规定的系列学科课程。国家课程是核心课程的核心与主干，它是国家要求所有学生必须修读的课程，但国家课程是针对国内学生的平均水平而设计的，在难度、选择性和丰富性上无法充分满足清华附中学生的需求。因此，清华附中将原有的国家课程进行整合、重构，最终构建了一个包含基础类、拓展类和研究类 3 个层次的核心课程体系，旨在确保所有学生都能发现适合自己的课程，并满足不同能力和兴趣的学生的需求。

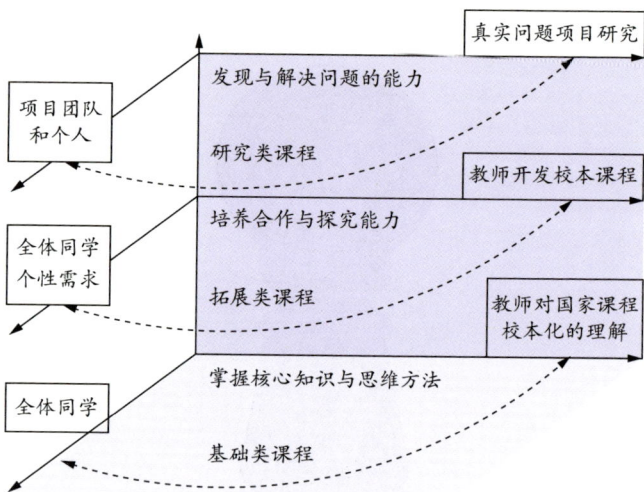

▲ 课程建设 3.0 阶段核心课程结构

## ▍基础类课程

清华附中针对本校学生的能力和需求，对国家课程中的核心知识和思维方法进行了细致的梳理和重组，由此形成了核心课程第一层级的基础类课程。重组后节省出来的课时被主要用于对国家课程中重点要求的知识进行拓展，并融入符合学生年龄和个性特点的其他教学内容。这样，经过重新整合后的基础类课程不仅满足了国家课程的标准要求，同时还为学生提供了更丰富、更具前沿性的教学内容。

## ▌拓展类课程

为了增强不同学科课程之间的系统性和关联性，清华附中进一步开发了一系列与基础类课程内容相匹配的拓展类课程。拓展类课程从国家课程的基本体系出发，通过对学科课程内容进行适度延伸与扩充，旨在实现国家课程从基础性向提升性的跃升，满足学生深层次的学习需求。在学习拓展类课程的过程中，学生可以经历记忆、理解、应用、分析等多个过程，在掌握基础知识的同时，还能进一步发展合作探究等高阶思维能力，从而为后续的学术和职业发展打下坚实基础。

## ▌研究类课程

对于那些在特定学科上拥有更高能力和需求的学生，清华附中致力于为其搭建平台、设计课程、创造条件，最终形成了以培养学生创新实践精神与问题解决能力为目标的研究类课程。研究类课程通过精心设计的实验项目、跨学科的合作机会以及与行业专家的互动交流，来最大限度地开发学生的创新潜力，激发他们的学术热情，培养他们成为掌握前沿知识、具备独立科研能力、释放引领潜能的拔尖创新人才。

## 融通课程

清华附中课程体系的第二个板块为融通课程，内容涵盖思想品德、生涯规划、综合实践等多个领域。该板块课程致力于打造一个志趣养成与个性拓展的融合空间，通过优化知识结构、精心安排进度，鼓励学生在实践中深入理解和掌握知识，提升解决复杂问题的综合能力，养成对终身学习和社会贡献的积极态度。

### 德育课程

清华附中始终坚守立德树人的初心、守正创新的决心，逐步形成了"做人、健体、为学"的学生发展理念。"做人"作为基石，着重崇德修学、勉为真君子；"健体"是支撑，倡导为祖国健康工作五十年；"为学"指向发展性，鼓励学生以适合自己的方式成长。在遵循教育的初心和本质、尊重学生身心发展规律的基础上，学校确立了做人"三阶梯"课程（即"君子文化"德育课程、阶梯式思政教育、阶梯式劳动教育）、"身心"健体课程，以及"美育—生涯—实践"为学系列课程。其中，在"君子文化"德育课程中，初中学部分别以"知行君子""诚信君子""智勇君子"为培养目标，重视学生个人品格的完善，高中学部以"博雅君子""家国君子""弘毅君子"为培养目标，侧重引导学生承担社会责任。

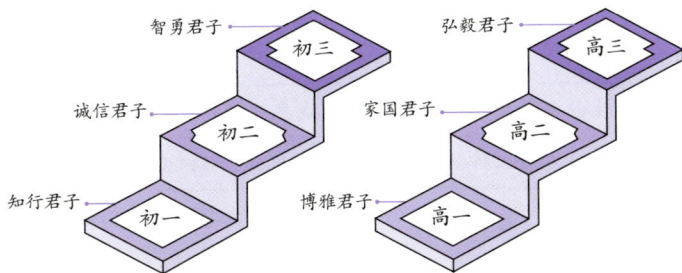

▲ 课程建设 3.0 阶段"君子文化"德育课程结构

## ▍生涯课程

为帮助学生更好地认识自己、了解不同领域的职业发展机会，清华附中构建了系统的生涯课程体系，制订了全面的生涯规划指导方案，帮助学生科学规划人生，引领未来成长。生涯发展指导办公室由专职教师主导生涯课程和资源的探索与构建。这一课程类型以学生的素质培养和能力提升为核心，采取从唤醒、探索、决策到行动的全链条管理，用兴趣培养激发动力，用目标管理建立自信。导师团队由专家教授、职场精英和优秀学长组成，课程形式涵盖讲座、工作坊、项目体验学习和访谈等多种形式，主题涉及行业发展、专业解读、榜样故事、自我管理、决策训练等不同方面，形成层级化、体系化的内容选择，以适应学生不同的探索阶段和学习风格。

课程建设 3.0 阶段生涯课程内容

| 年 级 | 活动主题 | 教学内容 |
|---|---|---|
| 高一 | 生涯发展意识培养 | 生涯游园会、新媒体公众号、生涯月刊、展板 |
| | 生涯发展指导选修课 | 培养成熟度较高的同伴教育者 |
| | 生涯发展工作坊 | 自我认知和外部探索的团体活动 |
| | 学科职业体验课程 | 满足部分学生深入探索相关学科和职业领域的需求 |
| 高二 | 水木讲堂对话大家 | 培养学科志趣，聆听大师的人生智慧 |
| | 生涯发展行家开讲 | 了解职场世界，体会成功人士的发展历程 |
| | 生涯发展学长开讲 | 认识大学专业，了解优秀学长们的成长之路 |
| | 生涯发展工作坊 | 自我提升和决策行动的团体活动 |
| | 学科职业体验课程 | 满足部分学生深入探索相关学科和职业领域的需求 |
| 高三 | 生涯发展工作坊 | 生涯决策和未来计划 |
| | 升学指导工作坊 | 高校招生宣讲和志愿咨询、考前辅导 |

▌综合课程

21 世纪的学校教育要培养能解决实际问题的人才，仅靠传统几门孤立的分科课程是难以做到的。因此，清华附中在系统总结前两个阶段综合课程的经验基础上，继续开设了综合课程。综合课程通过有意识地运用两种或两种以上学科的知识和方法论来探究一个中心主题或问题，其意在整合学科或领域的知识内容，加强各学科或领域间的横向联系，帮助学生进行知识和思维方法的相互迁移，提高综合运用各科知识解决问题的能力。目前学校的综合课程主要分为结构型综合课程和功能型综合课程两种类型。其中，结构型综合课程较为注重在统一原则的基础上重新建构课程形态，既突破学科界限，又尊重原有学科框架；功能型综合课程则彻底打破学科框架，实现真正意义上的学科与学科、学科与主体和社会的融合，注重学生在探究活动和环境相互作用中全面理解、灵活运用知识，以此培养21世纪所需人才的核心素养。

## 社会实践课程

清华附中的社会实践课程以培养学生综合素质和社会责任感为目标，通过系统规划和多样化实施，为学生提供丰富的实践机会。学校结合学生的年龄特点和学科知识，设计分层、分类的实践项目。其中，低年级学生以校内实践和社区服务为主，培养基础社会认知和责任感；高年级学生则参与更复杂的社会调研、志愿服务和职业体验等活动，提升综合能力和社会适应性。例如，清华附中开展了"读万卷书，行万里路"的综合实践文化考查课程，让学生在实践中运用所学知识开阔视野。此外，学校还注重与社会机构、企业合作，拓展实践资源，为学生提供多元化的实践平台。在此过程中，通过定期的实践成果展示和反思交流，引导学生总结经验，促进知识与实践的深度融合，全面提高学生的社会实践能力和综合素质。

## 精深课程

在为学生筑牢知识根基、培养综合素养之后，清华附中进一步聚焦于学生的个性化发展，精心构建了第三个板块的精深课程。这些课程针对不同领域具有特殊才能和浓厚兴趣的学生，通过提供深度学习与专业发展的机会，致力于培养学生的专业素养和创新能力，助力他们在各自擅长的领域实现突破与成长。

### 体育特长课程

清华附中的体育特长课程以"体教融合"为核心理念，通过多种方式培养学生的体育素养和特长。学校特别开设了马约翰体育特长班（以下简称"马班"），坚持"育人至上"的宗旨，完善"体教结合"的办学模式，旨在培养全面发展且具有突出体育特长的人才。"马班"的课程模式以"体教结合"为核心，学生既要进行高强度的体育训练，又要完成与普通学生相当的文化课学习。体育训练方面，主要由清华大学的专业教练负责，训练场地也设在清华大学，确保学生能够接受高水平、系统化的体育训练。文化课学习方面，"马班"对初中阶段学生实行混班制，高中阶段则是独立编班与分层分班教学相结合，注重学生综合素质的全面提升和发展。

## 艺术特长课程

清华附中开设了美术特长班、金帆民乐团等艺术特长课程，致力于培养学生的艺术素养和专业技能。其中，美术特长班自 2000 年开设以来，采用"大中小学一条龙"衔接培养模式，配备清华大学美术学院的优质教学资源，进行小班化教学，注重文化课与美术专业课的全面发展。课程设置涵盖油画、国画、版画、雕塑等多个专业方向，学生可根据兴趣选择课程，实现个性化学习。此外，学校还组织学生参加各类美术比赛和展览，邀请知名艺术家授课，拓宽学生的视野。金帆民乐团成立于 2002 年，2008 年荣获"北京市学生金帆艺术团"称号，以传承民族音乐、弘扬中华文化为使命，逐步发展成为一支声部齐全、风格独特的优秀学生民族管弦乐团。乐团秉持"做金帆人，铸民族魂"的社团文化，通过刻苦训练和积极演出，传播中国传统音乐文化。

## 人文素质课程

清华附中构建了涵盖文学、历史、哲学、艺术等多领域

的人文素质课程，将人文教育贯穿于日常教学中，并通过系统
规划和多元实施，致力于全面提升学生的文化素养和人文精
神。课程实施注重理论与实践相结合，通过课堂教学、专题讲
座、文化活动等多种形式，引导学生深入学习和体验。例如，
清华附中开设了"日新讲堂"，邀请知名学者举办讲座（如梁
晓声先生的文学讲座），通过互动交流提升学生的人文素养。
学校还开发了《人文日新——文学素养基础读本》等校本教
材，为学生提供系统的人文知识学习资源，帮助学生积累文化
底蕴。此外，学校鼓励学生参与人文类社团活动和文化实践活
动，如文学创作、历史研究、艺术展览等，以实践促进学生对
人文知识的理解和运用。

## 科技创新课程

清华附中的科技创新课程通过多层次、多维度的课程体
系和实践活动，致力于培养学生的创新思维和科技素养。在初
中阶段，学校以学科课程为依托，开展通识性启蒙教育，提升
学生的科技素养并激发其兴趣，同时通过创客入门课程，培养
学生的科学实验素养和参与竞赛的能力。在高中阶段，学校建
设了 6 个高研实验室，涵盖能源系统、地理信息、计算机科学、
机器人与自动化、生命科学、分析化学等前沿领域，学生可在
导师指导下开展小课题研究，完成项目并撰写论文。同时，清
华附中与清华大学等机构合作，开设了人工智能实验班，利用

周末及寒暑假时间开展"21 天人工智能课程",涵盖计算思维、数学思维、程序设计等多门课程。此外,学校还通过创新思维挑战营等活动,进一步强化学生的科技创新意识和团队合作精神。

## ▍大中衔接课程

清华附中坚持认为,只有建立中学与高校、科研院所之间的"衔接培养",才能让国家亟须的拔尖创新型人才提前脱颖而出。在大中衔接课程设计的过程中,衔接项目采取"特色课程群"的设计方式,大、中学共同参与。其中,中学教师更多参与对国家课程的校本化设计与实施,大学、科研机构在师资、实验设备、课程、项目指导等方面提供配合,双方形成共同指导、共同研讨的良性循环。在此过程中,清华附中始终充分考虑到大学对人才培养的目标,尽力让高中提供的课程服务更加贴近大学在本科低年级阶段开设的通识教育。在课程中,学校努力让学生对自己感兴趣的大学学科领域形成基本认识,了解最基础的学科内容和前沿知识,激发他们对相关领域的志趣和求知欲,进而为后续的成长奠定基础。

# 课程实施策略

在将课程建设方案转化为实际教学活动的过程中，科学有效的实施策略是确保课程目标达成和学生核心素养全面发展的重要保障。清华附中在课程实施过程中，不仅注重课程内容的科学性和系统性，还强调实施过程的灵活性和创新性，以满足不同学生的学习需求和促进其个性化发展。

## 一、构建课程管理组织架构

清华附中在课程体系的建设过程中，构建了系统化、精细化的课程管理架构以及明确的课程实施流程，确保了课程体系的高效运作和持续优化。

### 推进顶层规划

清华附中成立了以校长为核心的课程管理委员会，全面负责课程体系的顶层设计、规划与实施。该委员会不仅制订课程方案，还组建各学科、项目课程小组，负责学生选课指导、学分认定等工作。在课程管理委员会的领导下，学校还设立了多个管理小组，协同推进课程建设。例如，选课指导小组负责为学生提供选课建议，帮助学生根据自身兴趣和未来发展方向选择合适的课程；学分认定小组则负责对学生的学习成果进行评估和认定，确保学生的学习进度符合课程要求。此外，综合素质评价小组、综合实践活动指导小组以及课程资源开发指导小组等，从不同角度为课程实施提供支持，形成了一个全方位的课程管理体系。

## 明确课程实施流程

清华附中制订了详细的课程实施方案，明确了课程建设的目标、内容和实施步骤。学校遵循"分年级逐步分层，分学科逐级跟进"的原则，推行"以行政班组织教学为主，走班分层制教学为辅，实施部分班级部分学科的走班制"的实施策略。通过科学、合理的课程安排，学校为学生提供了多样化的学习路径，既保证了课程的层次性和选择性，又兼顾了学生的个性化需求。

## 二、利用智能技术优化课程实施

清华附中鼓励教师将人工智能等科技手段有机融入课程实施过程中，实现人工智能与教育教学的双融合，在提升学生课堂参与度的同时，提升学生的学习自主性，切实打造生动、趣味、多元的数字化课堂。

## ▌完善硬件设施与软件资源

清华附中在整个校园范围内对计算机、工作站等硬件设施进行了全面升级改造，同时优化了校园内 Wi-Fi 的覆盖范围，确保多媒体教室和智慧教室等基础设施能够满足教育教学的现代化需求，大力提升学生在课程学习方面的信息化水平。此外，学校还引进了优质的线上教育资源，丰富了学生的学习内容，并积极推广线上教学和混合式教学等创新教学模式，以此增强学生的学习体验和参与度。

## ▌探索智能技术在教学中的应用

清华附中深入探索人工智能等现代信息技术在教学过程中的应用，不断创新教育教学方式，提升教师的数字素养及学科育人水平。例如，通过引入 ClassIn、ChatGLM、ChatGPT、IN 课堂、希沃软件、文心一言等软件，点燃学生的课堂学习激情；通过与行业专家远程连线对话，让学生获取专业知识并了解行业动态；通过使用数字化共享屏幕展示学生的答题思路，实现对学生的实时反馈与评价。以"基因的表达（1）"课程为例，教师利用雨课堂和智谱清言问答系统，引导学生体验并思考如何更好地利用 AI 来学习，及时地、个性化地解决学生的思维困惑；再通过小组合作绘制转录图谱或搭建转录模型的实践任务，及时对学习效果进行评价，从而加深学生对转录过程的理解。

## 打造"双师课堂"等新型教学场景

在教学过程中，清华附中充分利用数字化手段，打造"双师课堂"等新型教学场景，以期通过技术的融入实现教学模式的革新和教学质量的显著提升。这种创新型教学模式巧妙地将线上教学的便捷性和灵活性与线下教学的互动性和社区性结合在一起，不仅优化了教学资源配置，还极大地提高了课堂教学的效率和效果。例如，在信息技术的课堂上，一位教师负责讲解计算机、物联网、电子电路等基础知识，而另一位外聘的资深专业教师则提供专业的编程指导和项目实战经验分享。这种双师协作的教学模式，不仅丰富了教学内容，也提高了教学的实践性和针对性，为学生提供了更加全面和深入的学习体验。

## 三、实施学生发展指导制度

清华附中通过建立全方位的学生发展指导制度，致力于帮助每一位学生发掘潜力、明确方向，并为其提供必要的支持和资源。

## 个性化课程修习方案

清华附中利用大数据和人工智能技术，为学生打造个性化的课程修习方案。学校通过细致分析每一位学生的学习习惯、兴趣特长和学业成就，设计出符合每一位学生特点的课程修习路径。其中不仅明确了每门课程的具体学分要求，还设定了获得学分的标准，使学生能够清晰地了解自己的学习目标和进度。这种方法旨在帮助学生制订符合个人发展需求的学习计划，优化学习内容和顺序，从而促进学生的个性化学习和全面发展。

## 发展顾问及导师制度

清华附中实施"学生发展顾问"制度，由各年级精选的资深教育教学专家组成顾问团队，为学生提供个性化指导。此外，学校还建立了导师制度，借助清华大学等著名大学的优质资源，邀请优秀教师入校，对学生进行"点对点"的指导。每位学生都配备了"学业导师、成长导师、特长发展导师"，不同年级的导师根据学生的发展诉求提供相应的指导，满足不同年龄学生的发展需要。这些导师不仅在学业上给予学生指导，还在个人成长和特长发展方面提供支持，帮助学生在各个方面实现个性化成长。

## ▌课程修习学分认定

　　清华附中在课程学习方面出台了明确的学分认定办法，为学生的课程学习提供了清晰的指导和评价标准。学校为学生发放选修课程学习证书，确保学生在各学科领域的学习路径和成果得到合理的记录和评价。通过这种方式，学生可以明确自己的学习目标和努力方向，更好地规划学习路径、安排学习内容，有利于其自主地规划自身的长远发展。同时，课程修习学分的相关认定办法也为学生的贯通进阶培养清除了障碍，有利于学生找到适合自己发展阶段的最优课程。

## 四、精心编写校本教材

清华附中摒弃了把传统教材作为唯一教学内容的思想，提出新的教学理念。学校通过专业团队的精心打造和实践反馈的持续优化，编写了一系列的校本教材，形成了高质量的校本教材体系。这些教材不仅内容丰富、形式多样，还具有很强的实用性和针对性，为课程实施提供了有力支撑。

### 专业团队与科学规划

清华附中成立了由学科专家、骨干教师和课程研究者组成的校本教材编写团队，确保教材的科学性和实用性。在教材编写前，编写团队会进行详细的调研和规划，明确教材的目标和框架。例如，语文组教师编写的《诗风词韵》《古文华章》等校本教材，不仅注重知识的传授，还强调学生能力的培养和综合素质的提升。编写团队会根据学生的实际水平和学习需求，精心选择内容，确保教材难度适中，以满足不同层次学生的学习需求。

### 实践反馈与持续优化

清华附中注重教材的实践应用效果，并通过教学实验和学生反馈，不断优化教材内容。编写团队会在部分班级里进行教学实验，收集教师和学生的反馈意见，了解教材在实际教学中的表现。例如，在编写《诗风词韵》时，编写团队通过实验班的教学实践，了解学生对教材内容的学习意愿与态度，以及教学策略和教学手段的适宜性。根据反馈，编写团队对教材的内容进行调整和优化，确保教材能够更好地满足教学需求。此外，学校还会定期对教材进行修订和更新，并结合最新的教育理念和教学方法，进一步提升教材的质量。

## 五、建立课程质量监控制度

为了确保课程体系的不断完善和发展，清华附中建立了持续改进的课程质量监控制度，对课程的设计、实施、效果等进行全面评价。

### 定期开展教育教学诊断

清华附中组建了教学指导委员会，定期对各类型课程的具体实施过程进行全面诊断。学科专家通过深入课堂听课、查看教学资料、访谈师生等方式，了解课程的实施情况，并对教学设计、教学过程、课堂互动、课堂评价等方面进行充分评估。诊断结果将反馈给教师，帮助他们识别教学中的优势和不足。此外，专家们还会对如何进一步提高课堂教学效果提出指导性建议。这一过程不仅有助于及时发现和解决课程实施过程中的问题，同时也为教师提供了宝贵的自我反思和成长的机会。

■ 利用大数据精准分析学情

在教学质量监控中，清华附中积极利用大数据、人工智能等技术，对学生各课程的学习情况进行精准分析。通过收集学生的学习数据，包括作业成绩、考试成绩、课堂参与度等，利用数据分析工具，对学生的学习进展和成效进行评估。这些分析结果有助于教师更好地理解学生的学习需求，调整教学策略，实现个性化教学。同时，人工智能技术的应用也使得教学质量监控更加高效和精准，为教学决策提供了科学依据。

■ 课程实施经验的提炼与分享

学校鼓励各教研组和教师之间分享有效的教育教学经验，通过组织教学案例交流会、教学研讨会等活动，教师们可以交流各自的教学方法和策略，共同探讨课程实施过程中遇到的挑战和解决方案。这些活动不仅促进了教师之间的专业合作，同时也为所有人提供了学习和成长的机会。此外，学校还会定期举办教学成果展示会，展现教师们在课程改革和教学创新中取得的成果，激励教师不断探索和实践，提升教学水平。

## 六、加强课程文化建设

清华附中在课程实施过程中，通过营造浓厚的学术氛围、推动学科文化与校园文化的融合以及融入人文关怀等措施，全面加强课程文化建设，为学生的全面发展提供了良好的文化环境。

## 营造浓厚的学术氛围

清华附中致力于营造浓厚的学术氛围，并通过多样化的课程活动激发学生的学习兴趣和热情。学校定期举办学术讲座、文化展览、学科竞赛等活动，邀请不同领域的专家学者来校交流，拓宽学生的学术视野，增强他们的学术素养。例如，学校举办的"水木讲堂"会邀请知名学者举办讲座，通过互动交流提升学生的人文素养。此外，学校还组织各类学科竞赛，如数学建模竞赛、科技创新大赛等，让学生在实践中锻炼科研能力和创新思维。这些活动不仅丰富了学生的校园生活，还为他们提供了展示自身才能的平台，进一步激发了他们的探索精神和创新意识。

## 推动学科文化与校园文化的融合

清华附中积极推动学科文化与校园文化的融合，通过跨学科的课程设计和实践活动，让学生在学习过程中感受到不同学科之间的联系和协同作用。学校鼓励学生参与各类跨学科项目，如综合课程、研究性学习等，让学生在解决实际问题的过程中，综合运用不同学科的知识和技能。例如，学校开设的"走近圆明园"课程，将历史、地理、艺术等多个学科的知识融合在一起，让学生在实地考查和研究中提升综合素养。此外，学校还通过校园文化建设，如校园环境布置、文化活动等，营造良好的课程文化氛围，让学生于潜移默化中受到课程文化的熏陶。

## 融入人文关怀

清华附中特别注重在课程中融入人文关怀，引导学生树立正确的价值观和社会责任感。学校通过开设人文素养课程，如文学、哲学、艺术等，培养学生的审美情趣和人文精神。例如，学校开发了《人文日新——文学素养基础读本》等校本教材，为学生提供系统的人文知识学习资源。此外，学校还鼓励学生参与社会实践活动，如社区服务、环保行动等，让学生在实践中了解社会、服务社会，培养他们的公民意识和社会责任感。通过这些教育活动，学生能够更好地理解知识的双刃剑特性，学会在学术追求的过程中平衡发展与责任，为社会的进步做出积极贡献。

## 七、完善课程资源配置

清华附中通过优化经费、场地、时间资源的配置，提升资源的集约程度和使用效益，为课程体系建设提供坚实的物质基础和保障。

### 强化经费保障

清华附中通过专项基金支持与多元投入，为课程体系建设提供了经费保障。学校设立了教育教学研究基金，专门用于支持校内教育教学及服务等方面的研究工作。该基金重点聚焦校内教研组建设、教师的专业化成长和发展、核心素养导向下的校本课程开发等，为课程体系建设提供资金支持。此外，学校还通过多种渠道筹集资金，包括校友捐赠、社会资助等，进一步充实课程建设经费。例如，"清华附中教育基金会"由附中广大校友、爱心人士、热心团体和机构发起，致力于支持师资培养、资助贫困特优学生、设置奖教奖学基金、推动创新人才培养等方面的工作。

### 合理配置场地资源

清华附中通过优化场地资源的配置，为学生提供了良好的学习环境和丰富的实践平台。学校不仅注重传统教室的优化利用，还通过建设专门的实验室、创客空间和研究性学习中心，为学生提供多样化的学习和实践机会。例如，清华附中于 2021 年启动西校区科技创新中心改造项目，该项目历时 2 年多完成。科技创新中心占地 2800 余平方米，配备电路板雕刻机、3D 打印机、激光切割机、个人工作站、多光谱无人机、HoloLens、VR 等先进设备。这些设施不仅为学生提供了丰富的实践平台，还支持创客空间、高研实验室、人工智能实验班等多种教学活动，能够开展相关科技课程的研究与实践。此外，学校后续还将制订相关政策和制度，鼓励和支持学校师生充分利用这些资源进行教学创新，推动学生在实践中学习和成长。

## 灵活安排时间

清华附中根据不同课程的特点和要求，合理安排课程时间，确保学生能够充分利用时间参与课程学习。其中，核心课程采用班级授课制，统一上课时间，保证学生掌握扎实的学科基础知识；融通课程采取走班制形式，限定在一周内的固定时间，为学生提供多样化的学习选择；精深课程则为学生提供课余时间和休息时间的指导与帮助，鼓励学生开展自主研究和实践活动。例如，在清华附中的作息时间安排中，学生到校时间根据年级和课程安排有所不同，一般为 7:40 或 7:45，放学时间也会根据是否有考试、选修课等因素灵活调整。此外，学校还通过优化课程安排，合理分配课时，确保学生在不同课程之间有充足的时间进行学习和实践。

# 第3章

作为教学活动的组成部分之一，评价不仅是教师重要的教学工具，更是保障教学实施、反哺教学改进的关键手段。

清华附中深度融合『核心价值金线、能力素养银线、情境载体串联线』的评价框架，构建了自主、开放、多元的评价体系，实现了评价方式的全面革新。

# 课堂观察量表的革新

**从**本质上说，教育是培养人的实践活动，是"直面人、通过人和为了人"[①]的社会事业。高质量的课堂需要师生都付出必要的时间、精力和情感，一方面，教师要精心进行教学设计，讲课富有激情；另一方面，学生要表现出极高的主动性，具有学习的动力和方向感。只有双方合力，才能最终实现人的全面、和谐、可持续发展。

经过"前期调研—目标引领—整体建构—小范围实验—师生反馈—修改完善—应用推广"等一系列严谨的步骤，新的课堂观察量表最终应用到清华附中的课堂之上。该量表从学生和教师2个观察维度入手，重点考查学生的课堂融入度、思维活跃度、练习深入度，主要评价教师课堂的教学有效性、设计系统性、目标实现性。同时，针对这6个观察要素，共设计了13个评价指标，以及26个具体的观察点。其中，与学生相关

---

① 叶澜.教育创新呼唤"具体个人"意识 [J].素质教育大参考，2003(4)：6-7.

的每个观察点赋 10 分，与教师相关的每个观察点赋 5 分，总分为 100 分。

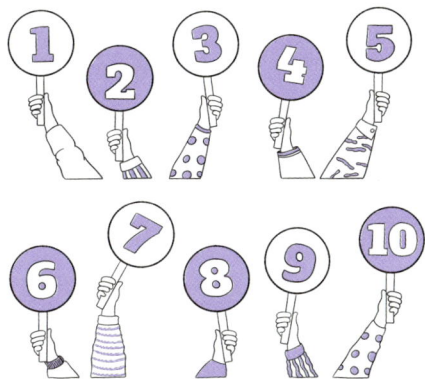

在制订具体评价标准时，考虑到不同学科的特点，清华附中将所有学科划分为三大类，并分别制订了相应的观察量表。其中，《人文社科类课堂观察量表》主要用于评价语文、英语、历史、地理、思想政治（道德与法治）等课程；《自然科学类课堂观察量表》主要用于评价数学、物理、化学、生物等课程，以及相关的实验课和操作课；《体育艺术类课堂观察量表》主要用于评价体育、美术、音乐等课程。

▲ 人文社科类
课堂观察量表

▲ 自然科学类
课堂观察量表

▲ 体育艺术类
课堂观察量表

## 一、课堂观察量表的核心思想

在设计新的课堂观察量表时，清华附中始终坚持以"立德树人"为根本任务，以"促进学生全面发展"为价值导向，以"提升教师专业素养"为核心支撑，致力于将教育的本质和目标贯穿于量表的每一个细节，旨在通过科学、系统的评价体系，引导课堂教学回归教育初心，实现课堂教学的高质量发展。

### 凸显以学生为中心的课堂理念

新量表将课堂的关注点和评价的重心转移到实现学生的全面发展上来，其深入贯彻了以学生为本的教育理念，满足了学生的身心发展需求，有利于学生成为完整的人、整体的人、有独特个性的人。

#### 彰显学生的主体性

无论是各级指标的划分，还是具体话语的表述，新量表始终彰显着一种价值取向——以学定教。人是教育的逻辑起点与最终归宿，落实到具体课堂中便是坚持以学生为中心，解放学生的主动性，发挥学生的积极性，将学生的自由、全面发展作为价值追求和根本抓手。例如，在评价"学生思维活跃度"方面，许多教师开始关注课堂上学生是否有机会提出问题，并有较多机会能够提出个人的独特见解，而非教师代替学生进行思考。

## ▌追求学生的全面性

在传统课堂上，教师过于关注学生对知识的掌握程度，过于注重学生智力因素的培养，这在实质上削弱了课堂对人的发展的整体功能。而新量表立足于人的整体发展，把影响人的全面发展的各种重要因素都纳入评价范围中，如知识技能的提高、合作精神的养成、正确价值观的树立、情感世界的丰盈等。这无疑突破了过于重视知识这一单维度评价指标的藩篱，倒逼课堂教学朝着培养完整的人的方向前进。

## ▌关注学生的个性化

由于遗传因素、家庭环境、生活经历的差异，每个学生都具有独特的个性，他们在兴趣、爱好、气质、性格和特长等方面各有不同。新量表充分关照每个生命个体的独特性，致力于让每个附中学子都能按照自己的个性方向充分发展。例如，教师"教学有效性"的观察要素特别关注教师能否根据不同学生的特点，确定最合适的教学手段和方法，实施个性化的教学。

### 完善专业化教师听评课机制

作为听评课活动的重要工具，课堂观察量表不仅是教师专业发展的"指南针"，更是课堂教学质量提升的"助推器"。新量表通过科学、系统的指标设计，努力将抽象的教学理念具象化，使教师能从多角度、多层次对课堂教学进行细致观察与分析，从而精准发现教学中的优点与不足。

## 进行精细化的观察与评价

新量表通过明确的评价标准和细化的评价指标，帮助教师掌握更加科学的评价方法，使他们能够围绕量表中的具体要点进行深入分析，有效解决了以往听评课过程中观察流程简单化、记录随意化的问题。例如，新量表不仅关注教学过程中的优点，也聚焦于教学环节的不足，有利于教师更精准地发现问题并提出改进建议。

## 加强教师自身的反思性

新量表增加了"自主评价"和"教学反思"等相关指标，帮助教师从多个维度审视自己的教学过程。不仅如此，评课教师在对照量表的各个观察要点进行课堂观察时，会不由自主地将自己带入进去，想一想"如果是我，我会怎样设计这节课"。正是在对他人课堂教学进行评价的过程中，教师也在无形之中对自己的教学进行了反思与改进。

## 塑造良性的教研文化

借助新量表，教师能够围绕其中的核心指标展开深入讨论，分享对课堂教学目标、方法和过程的独到见解。这种基于具体指标的交流方式，使教师们有了共同的语言和统一的标准，不再局限于个体的单兵作战，而是共同解决课堂教学中的关键问题，逐步形成一种良性教研文化与合作氛围。

## 构建和谐的课堂生命共同体

课堂是师生生命展现和交流互动的主要阵地与途径，"课堂教学不是单纯为了获取知识，而是通过知识学习促进生命成长"[1]。清华附中在新量表的设计过程中十分重视重构师生关

---

[1] 姜纪垒，孙亚玲. 从解构到建构：我国课堂研究的范式革命 [J]. 昆明理工大学学报（社会科学版），2020(6): 86-91.

系，试图以一种民主平等的课堂文化，助力师生在课堂上获得成长，享受成功。

## 确立民主平等的师生地位

课堂不仅是学生成才的场所，也是造就教师的空间，所以说课堂所具有的生命价值是双向与整体的。虽然新量表分为"学生表现"和"教师表现"两部分，但设计过程十分关注不同主体地位的平等性、生命需求的差异性。例如，"在教师启发下，学生能够……"和"根据学生特点，教师可以……"这些具体表述方式，意在引导学生和教师充分认识到对方的关键作用与价值需求，激发两者共同参与课堂的积极性和主动性，规避单一主体的权威性、支配性和自我性。

## 打造深度对话的合作关系

高质量课堂并非师生个体的简单叠加，而是通过师生之间的深度对话与紧密合作，共同营造出的一个生命场域。新量表在学校课堂应用后，大家普遍反映教师在教学过程中更加重视学生的理解和感受，师生之间交流意愿强烈、互动良好，课堂气氛也变得轻松活跃。在这样的环境中，师生通过深度对话实现了生命质量的提升，从而建立起一种相互依存、和谐统一、自由活泼、互惠共生的关系状态。

## 二、评价学生的维度（70 分）

新量表重点关注学生在课堂上的表现，其主要从课堂融入度、思维活跃度、练习深入度 3 个观察要素来评价学生在课堂学习过程中的综合表现和学习效果。通过这种多维度的评价方式，教师能更全面地了解学生的学习状态，从而精准地调整教学策略，提升课堂教学质量，促进学生核心素养的全面发展。

### 课堂融入度

课堂投入程度是衡量学生是否积极参与课堂学习的重要标志之一。当学生能够全身心地融入课堂时，其在课堂上的表现将更加主动、积极，学习效果也将显著提升。新量表将"课堂融入度"这一观察要素细化为 3 个具体观察指标——学习准备、互动合作、表达展示。

### 学习准备

"学习准备"主要关注学生是否完成预习任务以及能否有效利用预习材料。其包含 2 个观察点：一是"预习任务"，即学生高质量地完成教师布置的预习任务，如阅读指定章节、观看相关视频或完成"学案"，对课程内容有基本的理解和准备；二是"预习材料"，即学生能有效利用教师提供的预习材料和问题清单，为课堂讨论和深入学习做准备。

## ▌互动合作

"互动合作"重点观察学生在小组讨论与合作学习中的表现，评估其课堂参与程度和合作能力。这一评价指标包含 2 个观察点：一是"合作频率与形式"，即学生能在课堂互动中采用多种形式，如口头发言、小组讨论、角色扮演等，主动参与讨论，与教师和同学进行频繁的交流互动；二是"合作质量"，主要指学生在互动中提出有建设性的观点，使合作目标基本得以实现。

## ▌表达展示

"表达展示"主要考察学生在课堂上能否积极回应教师和同学的发言，并清晰、准确地表达自己的观点。这一评价指标包含 2 个观察点：一是"表达技巧"，即学生在课堂活动中表现出积极主动的态度，表达时声音洪亮，勇敢自信，能够清晰、准确地表达自己的观点和思路，逻辑性强，条理分明；二是"表达结果"，即学生在表达时提出新颖的观点或独到的分析，呈现积极思考的成果。

### 思维活跃度

学生的自主学习能力和思维活跃程度是当今教育改革的核心目标之一，也是衡量学生学习质量的关键要素。因此，新量表的第二个核心观察要素为"思维活跃度"。

## ▌文理学科类的独立思考与辩证思维

"思维活跃度"在人文社科类、自然学科类量表中进一步细化为"独立思考"和"辩证思维"2 个具体的观察指标。"独立思考"重点关注学生能否在课堂上主动提出问题，并清晰地表达自己的观点和见解。其包含 2 个观察点：一是"提出问题"，即学生在教师鼓励下能够分析和解构复杂问题，提出深入且具有探究性的问题，并主动寻求答案和解决方案；二是"个人见解"，即学生能充分利用教师提供的学习资源和指导，敢于在课堂上表达个人想法，并有机会在小组或全班面前分享自己的见解。

"辩证思维"侧重于考察学生能否从多个角度分析问题，并进行客观、全面的评价。其包含 2 个观察点：一是"多角度思考"，即学生能在教师启发下从多个角度思考问题，辩证地分析信息、论据和观点，识别并理解不同利益相关者的看法和立场，避免单一视角的局限；二是"客观性评价"，即学生在思考问题时，能够全面比较不同观点和方案，批判地分析各种事实和论据，做到问题分析的客观性、综合性、全面性。

**▎体育艺术学科类的分析思维与创造思维**

鉴于学生在体育、艺术等学科课堂上思维活动的特殊性，新量表将"思维活跃度"划分为"分析思维"和"创造思维"2个观察指标。"分析思维"也即分析判断思维，主要指学生在教师引导下对体育艺术作品进行全面深入分析，包括技术、风格、历史背景等方面，能以联系、比较的方法进行整体剖析，最终形成个性化的理解。

"创造思维"也即创意表现，主要指学生充分发挥想象力，通过观察、想象、构思和表现等过程，尝试独立制订体育锻炼计划或创作音乐、美术作品，借助动作、文字和图像等方式展现个人风格，表达出自己的体育实践能力和艺术美感。

◇◦———— **练习深入度** ————◦◇

练习是巩固知识和提升能力的重要环节，因而新量表将"练习深入度"作为评估学生是否真正达成教学目标的关键要素，并进一步细化出"练习策略"和"练习效果"2个具体的观察指标。

**▎练习策略**

"练习策略"主要关注学生在练习过程中的时间管理和资

源利用。其包含 2 个观察点：一是"时间管理"，即学生小组讨论、自主思考、课堂练习的时间得到合理安排；二是"资源与方法利用"，即学生有效利用教材资料、在线教育资源等学习资源，采用书面陈述、口头报告、模拟实验等不同的形式和方法，进行练习活动的开展。

## ▌ 练习效果

"练习效果"侧重于考察学生能否通过练习来巩固知识并提升能力。这一评价指标包含 2 个观察点：一是"个性化练习"，即每个学生都能在教师设计的分层式、递进式练习任务中，根据自己的学习能力和水平选择合适的题目进行练习，并在自己的节奏下逐步提升难度；二是"反馈调整"，即学生根据教师反馈，认识到自己在练习过程中的错误及不足，及时调整思路与方法，加强有效练习。

## 三、评价教师的维度（30 分）

建设高质量课堂、提高教与学的有效性，一是依靠教师的自觉，二是需要增强教师的自觉，即以评促建，借助听评课活动倒逼教师专业成长，提升课堂教学质量。基于这些考虑，新量表确立了以促进教师专业发展为核心要义的价值导向，"教师表现"维度主要包含 3 个观察要素——教学有效性、设计系统性、目标实现性。

## 教学有效性

"教学有效性"不仅体现在知识的传授上，更体现在学生思维的培养、能力的提升以及素养的形成上。通过优化教学过程和选择适宜的教学方法，教师能够更好地激发学生的学习兴趣，提高学生的参与度，从而实现高效、优质的课堂教学。

### ▎教学过程实效性

"教学过程实效性"重点关注教师在课堂讲授中的语言表达、时间把控以及对教学内容的精准把握，以确保学生能够高效地获取知识。这一评价指标包含 2 个观察点：一是"讲授过程"，即讲授简明扼要，严格控制时间，教学中提供的信息和知识准确无误，避免出现价值观引领和学科知识性错误；二是"重难点处理"，即明确教学中的重点和难点，采用有效方法进行强调和讲解，做到重点突出、难点得到有效解决。

### ▎教学方法适宜性

"教学方法适宜性"主要探讨教师能否根据学生的实际情况和教学目标灵活选择教学策略，合理运用多种教学手段，以提高学生的参与度。这一评价指标包含 2 个观察点：一是"策略选择"，即根据学生的特点和学习内容，选择最合适的教学策略和方法，实施个性化教学；二是"手段应用"，即合理利用黑板、实物、模型等传统教学手段，以及多媒体工具、大数据资源等现代教育技术，增强教学效果。

## 设计系统性

"设计系统性"体现了教师对教学内容的整体规划和教学活动的系统安排。通过系统的教学设计，教师能够将碎片化的知识整合为有机的整体，帮助学生建立清晰的知识框架，同时确保教学活动的连贯性和高效性。

### ▌教学内容整合性

"教学内容整合性"强调将课程内容进行有机整合，打破传统章节的孤立状态，实现知识的系统化和整体化。这一评价指标包含 2 个观察点：一是"跨模块整合"，即注重教材内容的整合，对相关主题进行跨模块整合，促进学生对课程内容的整体把握；二是"理论与实践结合"，即运用实际案例使抽象知识具体化，努力将理论知识与生活实际相结合，提高学生的实际应用能力和理解深度。

## ▎教 学 设 计 整 体 性

"教学设计整体性"强调教学活动的系统性和连贯性，确保教学目标、教学内容和教学活动之间的有机统一。这一评价指标包含 2 个观察点：一是"教学目标全面性"，即课程的教学目标涵盖知识、能力、思维、价值观等多个维度，并明确教学目标与教学内容之间的对应关系，使教学活动能够有效达成预设目标；二是"教学环节连贯性"，即各个教学活动之间相互关联，时间分配合理，板书清晰，小结完整，形成合理、有序的教学流程和教学结构。

◇◇◇────── **目标实现性** ──────◇◇◇

鉴于不同学科对学生表现的关注点存在差异，新量表充分考虑到学科特点，分别制订了与之相适应的立德树人目标，并明确了各学科独具特色的学科素养要求。

## ▌立德树人的落实情况

| | |
|---|---|
| ⊙ 人文社科类课堂 | 教师要将社会主义核心价值观和理想信念教育有机融入知识教学中，充分发挥学科教学的育人作用，引导学生形成良好的道德品质与道德规范，坚定中国特色社会主义文化自信，厚植人文价值关怀和爱国主义情怀，形成自尊、自信、自强的良好品格。 |
| ⊙ 自然科学类课堂 | 教师要有意识培养学生的科学精神，包括好奇心、求真务实和持续探索的态度，增强学生的严谨性和精确性，提醒学生注意实验操作中的伦理问题，引导学生思考如何负责任地使用科学技术。 |
| ⊙ 体育艺术类课堂 | 教师通过介绍和教授传统、民族、世界体育艺术活动，弘扬中华优秀传统文化，引导学生思考体育艺术与民族文化、社会责任的关系，做到一方面坚守中华文化立场，增强文化自信和民族自豪感；另一方面，树立平等的文化价值观，拥有尊重文化多样性的人文情怀。 |

## ▍学科素养的贯彻情况

⊙ **人文社科类课堂**

人文社科类的核心素养主要分为 3 个观察点：知识记忆与理解能力、信息整合与分析思维、言语逻辑与交流表达。"知识记忆与理解能力"主要指对事实、概念、理论等知识点讲解正确，促进学生听、说、读、写、记忆、理解能力的提升。

"信息整合与分析思维"主要指教授学生如何有效搜集、辨析、梳理、概括、呈现信息，使学生对复杂的人文社会科学现象与问题有较强的观察力，辩证、客观地评判各种思想观点，具备多元思维的意识和创新思维的能力。

"言语逻辑与交流表达"主要指通过项目式学习等活动，有意识地在阅读与鉴赏、梳理与探究、表达与交流环节中教授学生基本的言语规律和逻辑规则，丰富学生的社会经验与语言表达，使他们能清晰、有逻辑地表达自己的思想和观点。

⊙ **自然科学类课堂**

自然科学类的核心素养主要分为 3 个观察点：基础知识与科学观念、科学探究与实验操作、逻辑推理与科学思维。"基础知识与科学观念"主要指通过讲授帮助学生理解并掌握科学概念、原理和定律，并能成功将理论知识应用于解决实际问题的过程中。

"科学探究与实验操作"主要指鼓励学生基于观察和实验提出科学问题、形成猜想和假设，指导学生如何设计实验与制订方案、获取和处理信息、基于证据得出结论并作出解释，帮助学生全面掌握科学探究的基本思路和方法，提高实践操作能力。

"逻辑推理与科学思维"主要指在教学过程中有效应用数理工具进行模型建构、科学推理、科学论证，使学生掌握归纳与概括、演绎与推理、模型与建模、分析与综合等逻辑推理的基本形式，形成重论据、有条理、合乎逻辑的思维品质和理性精神。

⊙
**体育艺术类课堂**

体育艺术类的核心素养主要分为 3 个观察点：技能发展与创新能力、审美感知与创意表达、身体素质与健康行为。"技能发展与创新能力"主要指利用多样化的教学方式，确保学生掌握体育、音乐、美术等课程的基本技能和技巧，并在技能运用中尝试创新。

"审美感知与创意表达"主要指将体育艺术与日常生活相结合，让学生感受和认识生活中美的独特性和多样性，形成基本的审美能力与体验；鼓励学生通过各种艺术媒介对自然、生活和艺术中的审美对象进行自我表达和创造性创作。

"身体素质与健康行为"主要指在体育课程中融入健康知识，培养学生的体育锻炼意识和良好生活习惯，引导学生逐渐养成健康文明的生活方式，包括良好的锻炼、饮食、作息和卫生习惯等。

# 教学指导委员会

随着教育改革的不断深化，尤其是中高考改革的持续推进和"双减"政策的全面实施，学校课堂教学质量被赋予了更高的期待与要求。在此背景下，课堂教学不仅要落实学科基础知识和基本技能，更要聚焦学生核心素养的提升，满足不同类型学生的学习需求。这一转变促使学校必须革新教学评价体系，推动教学从"减量"向"提质"转变，以更好地适应新时代教育发展的需求。

然而，传统的教学管理模式在面对这些新挑战时却暴露出一些问题。例如，面对高考的选科走班变革时，传统的师徒结对模式因课程的时间冲突，无法全面满足教师的听课、评课需求，导致青年教师在教学成长中缺乏足够、精细、持续的关注和指导。此外，教学管理部门的阶段性评估缺乏个体性评价，致使学校无法及时、准确地帮助新手教师解决教学中的疑惑。

为了解决这些问题，清华大学附属中学于 2021 年成立了教学指导委员会，旨在充分发挥资深专家型教师在学校教育教学改革和发展建设中的重要作用，加强专家型教师对学校一线教学工作的宏观指导与管理，进而推动学校的教学改革，提高育人质量。

## 一、组织架构与人员构成

教学指导委员会是清华大学附属中学教学管理体系中的重要组成部分，其组织架构和人员构成严格按照学校教学改革的需求和《清华大学附属中学教学指导委员会章程》的要求进行设置。

### ▌组织架构

教学指导委员会隶属清华大学附属中学的教学管理与研究中心，是学校教学工作的专家指导机构。该委员会设主任委员 2 人，委员若干人。

主任委员通常由教学管理与研究中心主任兼任，负责委员会的全面工作，统筹协调委员会的各项职责，确保教学指导工作的顺利开展。委员由长期从事教学和教学管理工作的专家型教师组成，通常具备丰富的教学经验、较高的教学水平和强烈的责任心，能够为学校教学改革提供专业支持。

委员会委员每届任期一年，可以连任。任职期间，委员因各种原因不能继续履行职责的，可由本人提出辞呈，经主任委员提请学校教学领导批准后离职。

## ▌人员构成与任职要求

教学指导委员会的人员构成严格遵循学校的任职要求，确保委员具备高度的专业素养和丰富的教学经验。其具体任职要求如下。

⊙ **师德师风**

委员需自觉贯彻党的教育方针，热爱教育事业，爱岗敬业，为人师表，严格遵守《中小学教师职业道德规范》和学校各类规章制度，具备良好的政治素养和师德师风。

⊙ **经验与能力**

委员需具备 20 年以上的教学经验，具有本科及以上学历，且在任职期内年度考核均为合格及以上。同时，委员需具备高级教师及以上专业技术职称，能够为学校教学改革提供专业的指导和建议。

⊙ **研究与指导**

委员应具备较强的教学研究能力和指导能力，能够深入教学一线开展调查研究，掌握第一手教学资料，并为青年教师提供个性化的教学指导。此外，委员还需具备一定的教育研究能力，能够将工作中的问题和经验总结成论文或报告，为学校教学决策提供参考。

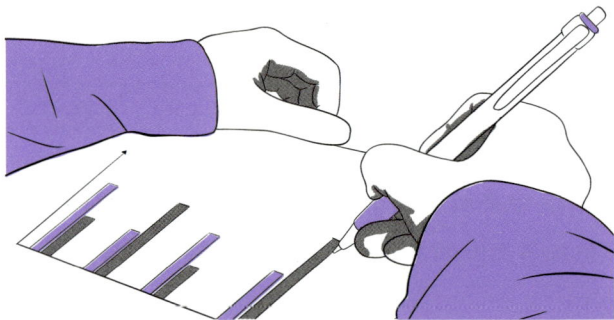

⊙ **团队协作能力**

委员需具备良好的团队协作精神和沟通能力，能够积极参与委员会的各项活动，与其他委员和学校管理层保持密切沟通，共同推动学校教学工作的持续改进。

## ▌人员选拔与聘任

教学指导委员会的委员由学校教学管理与研究中心提名，经学校党政联席会讨论通过后聘任。聘任过程严格按照学校的任职要求进行，确保委员具备高度的专业素养和丰富的教学经验。每学年聘任一次，岗贴薪酬按同级别、同职称、在岗满工作量的一线教师的岗贴薪酬计算。

## 二、主要职责

教学指导委员会作为学校教学管理体系中的核心组织，承担着推动教学评价创新、提升教学质量、促进教师专业成长等多方面的关键职责。

### 深入教学一线，开展调查研究

教学指导委员会委员需定期深入课堂，开展常态化的听课、评课活动，每周听、评课总数不少于 12 节。在听课过程中，委员们需详细记录教学过程，重点关注教师的教学态度、授课能力、教学方法和教学手段，以及学生的学习状态和课堂参与度。通过深入调研，委员们应切实掌握第一手教学资料，为学校教学决策提供真实、准确的依据。课后，委员们需及时与授课教师沟通，反馈听课意见，并结合学校教学目标和学生需求，给予具体的教学改进建议，帮助教师优化教学设计，提升课堂教学质量。

### 研究学科教学中的重大问题，提供咨询建议

教学指导委员会肩负着为清华附中教学改革与发展提供智力支持的重要使命，委员们需围绕各学科教学建设和发展的重大问题，如课程标准的落实、教学内容的优化、教学方法的创新等，开展问题研讨和深入研究。通过分析各学科教学现

状，梳理存在的问题，委员能够在学校制订与教学有关的重大决策、方案时提供科学、专业的咨询和建议，推动学科教学的持续发展。例如，在中高考改革背景下，委员会围绕"如何提升学生学科核心素养""如何优化课堂教学结构"等议题展开研讨，为学校教学改革提供决策参考。

### 建立学科教学的评估体系，监控教学质量

为确保教学质量的稳步提升，教学指导委员会负责建立科学、系统的学科教学评估质量标准和监控体系。该体系涵盖教师教学过程、教学效果、学生学习成果等多个维度，通过定期评估和动态监控，全面、客观地反映学校的教学现状。委员会对影响教学质量的问题进行专题研讨，分析问题的成因，提出切实可行的改进意见和建议，并跟踪整改落实情况，形成教学质量管理的闭环。

### 指导青年教师，促进专业成长

青年教师是清华附中教学发展的生力军，其专业成长直接关系到学校未来的教学质量。教学指导委员会的重要职责之一是为青年教师提供全方位、个性化的指导与支持。委员们通过听课、评课、教学研讨、专题培训等形式，帮助青年教师快速熟悉教学规律，掌握科学的教学方法，提升课堂教学能力。

同时，委员会还为青年教师搭建专业成长平台，组织教学观摩、公开课展示、教学竞赛等活动，鼓励青年教师积极参与教学研究，撰写教学论文，分享教学经验，助力其成长为教学骨干和学科带头人。

## 定期提交评估报告，汇报教学状况

教学指导委员会需定期对学校教学工作进行全面评估，形成详细的评估报告。评估报告应涵盖教学优点、问题及改进建议，为学校管理层提供全面、客观的教学动态信息。委员会需定期举行全体会议，总结阶段性教学工作，分析教学数据，提炼教学经验，梳理教学问题，并提出针对性的改进措施。此外，委员会每学期还需向学校党政联席会做学科教学发展状况专题汇报，确保学校管理层及时了解教学动态，及时调整教学策略，推动教学工作的持续改进。

## 遵守保密制度，维护信息安全

教学指导委员会在工作中会涉及学校教学改革、教师评价、学生数据等敏感信息。为确保信息安全，委员们必须严格遵守保密制度，对需保密的内容做到不泄露、不外传。在开展工作时，委员们需妥善保管教学资料和评估数据，未经授权不得随意使用或传播相关信息。

## 三、工作流程与运行机制

工作流程和运行机制的科学性与规范性直接关系到教学指导委员会的工作成效，进而影响学校教学质量的提升。以下是对委员会工作流程的详细描述。

—————————— 听课与评课 ——————————

### ▍计划制订

委员会根据学校教学管理与研究中心提供的教师名单和课程安排，制订每周的听课计划。计划需涵盖不同学科、不同年级的课程，以确保对全校教学情况的全面覆盖。每位委员每周需完成不少于 12 节的听课任务，重点关注青年教师和新入职教师的课堂教学。

### ▍听课实施

委员们按照计划进入课堂，采用不干扰教学的方式进行听课。听课过程中，委员需详细记录教学过程，包括教师的教学设计、教学方法、课堂互动、时间分配，以及学生的学习状态、参与度和课堂反馈等。委员们还需特别关注教师是否能落实学科核心素养，以及是否能满足不同类型学生的学习需求。

## ▋ 评课与反馈

　　课后，委员需及时与授课教师进行沟通，填写《教学指导听课记录本》，并结合听课记录对课堂教学进行客观评价。评价内容包括教学优点、存在的问题及改进建议。委员们需在课后 30 分钟内与教师进行面对面交流，反馈听课意见，并提供具体的教学指导。对于青年教师，委员还需制订个性化的成长计划，帮助其快速提升教学能力。

## ▋ 总结与归档

　　每周听课结束后，委员需对本周的听课情况进行总结，形成详细的听课报告，并提交给教学管理与研究中心。报告应包括听课教师名单、课程名称、教学评价、改进建议等，为后续的教学评估和教师培训提供参考。

## 教学评估与反馈

## ▋ 定期评估

　　委员会每学期需对全校教学情况进行全面评估。评估内容包括学生的课堂融入度、思维活跃度、练习深入度，以及教师的教学有效性、设计系统性、目标实现性。评估方式包括听课记录分析、学生问卷调查、教师自评和同行互评等。通过多维度的评估，委员会能够全面、客观地反映学校教学现状。

## ▌问题研讨

委员会定期组织问题研讨活动，针对教学评估中发现的问题进行深入分析。研讨内容包括教学方法的创新、课程内容的优化、教学资源的整合等。通过研讨，委员会形成具有指导性的意见和建议，并制订具体的改进措施。

## ▌反馈与改进

委员会需将教学评估结果和改进建议及时反馈给学校管理层和相关教师。对于教师个体，委员需提供个性化的反馈报告，帮助教师明确自身教学的优势与不足，并提出针对性的改进建议。对于学校层面，委员会需提交整体教学评估报告，为学校教学决策提供科学依据。

## ▋ 跟 踪 与 回 访

委员会负责对改进措施的落实情况进行跟踪和回访，确保问题得到有效解决。对于重点问题，委员需定期回访相关教师，检查改进措施的执行情况，并根据实际情况提出改进建议。通过闭环管理，委员会确保了教学评估工作的实效性。

◇◈────── 专题研讨与决策支持 ──────◈◇

## ▋ 议 题 证 集 与 筛 选

委员会定期向学校管理层、教师和学生征集教学改革议题，议题内容涵盖课程建设、教学方法创新、学科核心素养培育等。委员们对征集到的议题进行筛选和分类，确定每学期的专题研讨主题。

## ▋ 研 讨 组 织 与 实 施

委员会负责组织专题研讨活动，邀请校内外专家、一线教师和学校管理层共同参与。研讨活动采用线上线下相结合的方式，通过主题报告、小组讨论、案例分析等形式，深入探讨教学改革中的关键问题。

## ▌成果总结与应用

研讨结束后，委员会需对研讨成果进行总结，形成专题报告，并提交给学校管理层。报告内容包括研讨主题、研讨过程、主要观点、改进建议等。学校管理层根据报告内容，制订具体的教学改革方案，并在全校范围内推广实施。委员会负责对改革方案的实施效果进行跟踪评估，确保改革目标的实现。

## ◇◈————— 定期汇报与沟通 —————◈◇

委员会需定期向教学管理与研究中心提交教学整体评估报告，每学期还要向党政联席会汇报学科教学发展状况。通过定期汇报，确保学校管理层及时了解教学动态，及时调整教学策略，推动教学工作的持续改进。

## ▌内部沟通与总结

委员会定期召开全体会议，总结阶段性工作进展，交流听课、评课和教学评估中的经验与问题。会议内容包括本周工作汇报、下周工作计划、专题研讨成果分享等。通过内部沟通，委员们及时调整工作方向，确保委员会工作的高效运行。

## ▌向学校管理层汇报

委员会需定期向教学管理与研究中心提交教学整体评估

报告，报告内容涵盖教学现状、评估结果、改进建议等方面。
每学期末，委员会还需向学校党政联席会做学科教学发展状况
专题汇报，汇报内容包括本学期教学改革成果、存在的问题及
下学期工作计划等方面。

## 与教师和学生沟通

委员们定期组织教师座谈会，听取教师对教学工作的意
见和建议；通过学生问卷调查和座谈会，了解学生的学习需求
和课堂反馈。委员会根据教师和学生的反馈，及时调整工作重
点，确保教学指导工作的针对性和实效性。

## 保密与信息安全

### 保密制度建设

委员会制订严格的保密制度，明确保密范围、保密责任
和处罚措施。保密内容包括学校教学改革方案、教师评价数据、
学生个人信息等方面。委员们需签订保密协议，承诺在任职期
间严格遵守保密制度。

### 信息安全保障

委员会建立了信息安全保障机制，确保教学评估数据和
教学资料的安全存储和传输。委员们需妥善保管听课记录、评

估报告等教学资料，未经授权不得随意使用或传播相关信息。委员会需定期对信息安全进行检查，及时发现和解决潜在的安全隐患。

### ▋ 违 规 处 理

对于违反保密制度的行为，委员会将根据情节轻重给予相应的处罚。对于情节较轻的人员，给予警告和批评教育；对于情节严重的人员，将取消委员资格，并追究相关责任。

## 四、实践成效与影响

自清华附中教学指导委员会成立以来，其在推动学校教学改革、提升教学质量、促进教师专业成长以及助力学生全面发展等方面取得了显著成效，对学校整体教育教学工作产生了深远影响。

### ▋ 教学质量显著提升

通过常态化的听课、评课以及教学指导，委员会帮助教师优化教学设计、改进教学方法，有效提升了课堂效率。对于教师的课堂教学满意度，从委员会成立前的 75% 提升至 85%，学生课堂参与度也有了明显提高。这种"以评价促教学"的模式，不仅使教师能够及时发现教学过程中的问题，还为学校的教学管理提供了科学依据，有力地推动了教学质量的持续提升。同时，委员会结合中高考改革要求，积极推动学科核心素养在课堂教学中的落实。通过专题研讨和教学指导，教师们更加注重培养学生的问题解决能力、批判性思维和创新能力，学生的学科核心素养得到了显著提升。

## 教师专业成长加速

委员会为青年教师提供了全方位、个性化的指导与支持，通过听课、评课、教学研讨、专题培训等形式，帮助青年教师快速熟悉教学规律，掌握科学的教学方法。相关数据显示，经过委员会指导的青年教师，在教学能力评估中的平均分提升了15%，其中多名青年教师成长为学校的教学骨干和学科带头人。委员会通过组织教学观摩、公开课展示、教学竞赛等活动，营造了良好的教研氛围，促进了教师之间的经验交流与合作，提升了全体教师的教学水平。同时，委员会委员作为学校的专家型教师，通过"传，帮，带"的方式，引领教师团队专业化发展，推动了学校教学改革的顺利实施。

## 学生全面个性发展

委员会推动的教学改革使课堂教学更加注重学生的主体地位，激发了学生的学习兴趣和主动性。通过小组合作学习、项目式学习、探究性学习等多种教学方式，学生的学习积极性显著提高，课堂参与度大幅提升。同时，委员会注重学生综合素质的培养，推动学校在课程设置、教学内容和教学方法上不断创新，学生在学科知识、实践能力、创新思维、审美素养和身心健康等方面都得到全面发展。此外，委员会推动建立的教学评价体系更加注重学生的个性化发展，教师能够根据学生的兴趣、特长和学习进度，提供个性化的学习指导和支持，由此促进学生的个性化成长。

## ▍学校教学改革助力

委员会通过深入教学一线调研、定期提交教学评估报告以及专题研讨等方式，为学校教学决策提供了大量第一手资料和科学依据，推动了学校教学决策的科学化。例如，委员会关于"学科核心素养培养"的专题报告，为学校课程改革提供了重要参考。同时，委员会推动了学校教学体系的优化与完善，通过建立学科教学评估标准、监控教学质量、指导青年教师等方式，提升了学校教学工作的整体性、系统性和连贯性。此外，委员会还通过组织教学研讨、公开课展示、教学竞赛等活动，营造了良好的教研文化氛围，形成了"以研促教，以教促研"的良性循环，为学校教学改革的持续推进提供强大的内生动力。

## ▍示范引领作用

教学指导委员会的工作成效在学校内部形成了良好的示范效应，其在教学评价创新、教师专业成长和学生全面发展等方面的实践成果为学校其他部门和教师提供了宝贵的经验和借鉴。例如，委员会推动的"青年教师成长计划"成为学校教师培养的重要模式，得到了教师的广泛认可。同时，清华附中的教学指导委员会模式在区域内产生了广泛的辐射作用，学校多次接待兄弟学校来访交流，分享教学改革经验，推动了区域内学校教学水平的共同提升。

# 学生问卷及访谈反馈制度

**如**今，现代教育体系愈发强调以学生为中心，注重学生的个性化发展与综合素质提升。在这样的时代背景下，学生作为学习的主体，其对教学过程的感受和反馈显得尤为重要。这些反馈不仅是衡量教学效果的关键因素，更是推动学校改进的重要依据。

为了更好地适应教育改革需求，提升学校教育质量，清华附中积极创设了学生问卷及访谈反馈制度。这一制度的实施，打破了传统单一评价模式的局限，将学生的声音纳入教学评价体系中，为学校提供了更为全面、客观的视角来审视教学活动。与此同时，通过这种独特化的评价方式，学校能够更精准地把握学生的需求，深入了解学生在学习过程中遇到的困难与挑战，从而有针对性地优化教学管理、调整教学策略、创新教育方式。

## 一、学生问卷反馈制度

学生问卷反馈制度是清华附中教学评价体系的重要组成

部分，其核心在于通过精心设计的问卷，全面、客观地收集学生对教学活动的反馈信息。这不仅为学校提供了科学的教师评价依据，有力推动了教师的专业成长，同时还促进了学校评价体系的创新与完善，确保教学活动始终围绕学生的需求展开。

## 调查问卷的设计

问卷设计是学生问卷反馈制度的核心环节，其科学性和合理性直接影响到反馈信息的质量和有效性。清华附中根据现代教育理念，结合学校实际情况，将问卷设计分为教师教学评价和班主任工作评价两大部分，每部分又细分为多个具体评价指标，以确保问卷内容的全面性和系统性。

### 教师教学评价

教师教学评价通过具体且可量化的评价指标，对各学科教师的教学质量进行全面评估，其覆盖了语文、数学、英语、物理、化学、生物、历史、地理、政治、信息技术、体育、音乐和美术等多门学科。通过这种系统化的评价方式，教师能够清晰地认识到自身教学过程中的优势与不足，从而有针对性地进行改进和提升。

教师教学的电子评价问卷主要分为两个部分。一是由学生在对应学科中点选自己的授课教师。二是由学生根据教师在课堂内外的表现，对 10 项教学评价指标进行评级。评级分为 A（非常符合）、B（比较符合）、C（一般）、D（不符合）四个等级。

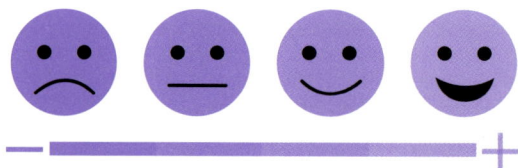

教师教学评价问卷涵盖了教师的职业素养、教学方法、课堂管理、作业布置与批改、课后辅导等多个方面。其具体评价指标包括以下几点。

❋ 教师在课堂内外健康向上，为人正直、待人公正，教书与育人齐抓共管。

❋ 教师对职业充满热情，对学生充满关爱。

❋ 教师讲课条理清晰，重点突出，能够展示扎实的专业素养。

❋ 教师能够管理好课堂教学的正常秩序，能保障良好的学习环境。

❋ 教师教学方法灵活多样，能够激发学生的兴趣，调动学生的积极性。

✤ 教师能够使用现代化教学手段，并以此提高学生的学习效率。

✤ 教师课下经常了解学生的情况，及时解答问题和进行辅导。

✤ 教师布置的作业适量，有助于学生学习的巩固提高。

✤ 教师能够及时批改并及时讲评作业。

✤ 教师能对学生的学业乃至人生成长起到重要的帮助作用。

2024—2025 学年第二学期的教师教学评价问卷调查覆盖了全校 6 个年级，共 36 个班级，涉及学生总数达 1800 人。每个班级的问卷回收率均超过 95%。问卷涵盖了 13 门学科，每门学科的教师评价指标平均为 10 项，确保了对教师教学的全面评估。

## 班主任工作评价

班主任工作评价主要评估班主任在班级管理、学生沟通、班级活动组织等方面的综合表现。这有助于班主任了解自己在班级管理中的长处和不足，推动班级管理的持续优化。

班主任工作的评价问卷分为选择题和主观题两个部分。其中，选择题主要采用单选形式，学生需根据实际情况在 A、

B、C、D 四个选项中选择最符合的答案。主观题则要求学生用黑色签字笔进行详细回答，包括对班主任工作的意见和建议、学生在学习生活中遇到的困惑，以及本学期最开心的事情或活动等。

班主任工作评价问卷涵盖了与学生沟通频率、班级管理质量、班会课质量、班干部队伍建设、学生参与活动情况、关键时间段的班级管理、同学关系、言语文明、卫生情况和手机使用等多个方面。其具体调查内容包括以下几点。

- ❋ 本学期班主任与学生沟通的次数。

- ❋ 学生对班主任班级管理工作的认可度。

- ❋ 班会课的质量。

- ❋ 班干部队伍的建设情况。

- ❋ 班主任是否能有效鼓励学生参加各项活动。

- ❋ 班主任在关键时间段对班级的管理效果。

- ❋ 班级同学之间的关系。

- ❋ 班级同学交流时的言语文明程度。

- ❋ 学生对班级卫生情况的满意度。

- ❋ 班级学生在校内使用手机的情况。

✿　学生对班主任工作或班级管理的意见或建议。

✿　学生在学校的学习生活感受及成长过程中的困惑。

✿　本学期最让学生开心和感到幸福的事情或活动。

在 2024—2025 学年第二学期的问卷调查中，共发放 1800 份问卷，实际回收了 1764 份问卷，班主任工作评价问卷的参与率达到 98%。其中，选择题部分的平均满意度为 82%，主观题部分的平均字数超过 300 字，显示出学生对班主任工作的高度关注和积极参与。

## 调查问卷的发放

为了保证学生能够真实表达自己的想法，问卷调查采用匿名填写的方式。问卷通过班级统一发放，确保每个学生都能参与。发放时，教师会详细说明填写要求，确保学生理解并正确填写问卷。问卷回收后，由专人进行整理和统计，确保数据的完整性和准确性。同时，学校还会通过班级会议、宣传栏等方式，向学生宣传问卷调查的重要性，提高学生的参与意识和责任感。例如，2024—2025 学年第二学期的问卷，不仅回收率达到 98%，而且有效问卷占比达到 99%，显示出问卷设计的科学性和学生填写的认真态度。与此同时，通过问卷调查，学校发现学生对问卷调查的参与度较高，90% 的学生表示愿意定期参与问卷调查，他们认为这是表达自己意见的有效途径。

## ◇◦ ——— 数据收集与分析 ——— ◦◇

问卷调查结束后，学校的数据分析团队运用统计学方法对问卷数据进行量化分析，计算各项评价指标的平均值、满意度比例等，从而直观地呈现学生对教学的评价情况，并在此基础上形成具体的分析报告。报告中不仅包括数据的统计结果，还会结合学生的具体反馈，提出针对性的改进建议。学校会将数据分析结果反馈给每一位教师和班主任，帮助他们了解学生的需求，调整教学策略，优化教学内容。同时，学校管理层也会根据分析结果，制订具体的教学改进计划，创新教学管理和课程设置。

例如，通过对 2024—2025 学年问卷数据的统计分析，学校发现教师在"教学方法灵活多样"这一指标上的平均满意度为 85%，而在"课后辅导与答疑"这一指标上的平均满意度为 75%。班主任在"班级管理"这一指标上的平均满意度为 88%，而在"班级活动组织"这一指标上的平均满意度为 80%。根据数据分析结果，学校提出了具体的改进建议，如鼓励教师利用在线平台提供实时答疑服务、加强班级活动的多样性和创新性等。

## 二、学生访谈反馈制度

学生访谈反馈制度主要通过与学生进行面对面交流，来构建一个开放的沟通平台。学生在此可以自由表达自己的想法和感受，学校也能从多个维度了解学生在清华附中的学习生活状态，为优化教学提供有力支持。

## 访谈提纲的设计

访谈提纲的设计是学生访谈反馈制度的中心环节，其旨在深入了解学生的学习体验、需求和对教学的建议，从而为教育教学改革提供有力支撑。学生访谈提纲采用分层结构，主要围绕学生的学习体验、教师表现、班级管理、个人发展和其他建议五个方面展开，每个方面包含若干具体问题。其主要分为以下几个部分。

### 学习体验

❋　你对本学期的课程设置满意吗？为什么？

❋　你觉得哪些课程对你最有帮助？哪些课程需要改进？

❋　你最喜欢哪种教学方法？为什么？

### 教师表现

❋　你认为教师在课堂上是否关注到每个学生的需求？

❋　你对教师的课堂管理方式满意吗？有哪些可以改进的

地方？

❋ 你对教师布置的作业量和难度满意吗？是否有助于你的学习？

## 班级管理

❋ 你对班主任的班级管理工作满意吗？为什么？

❋ 你认为班主任在哪些方面做得很好？哪些方面需要改进？

❋ 你对班级的卫生情况、同学关系和班级活动满意吗？

## 个人发展

❋ 你在学校的学习生活中遇到了哪些困惑或挑战？

❋ 你认为学校在哪些方面可以帮助你更全面地发展？

❋ 你对学校提供的课外活动和资源满意吗？

## 其他建议

❋ 你对学校或教师有什么其他建议或想法？

❋ 你认为学校可以采取哪些措施来提高教学质量？

## 访谈的组织与实施

访谈的组织与实施是学生访谈反馈制度的重要组成部分，其目的是确保访谈过程的顺利进行，收集到真实、有效的反馈信息。为了实现这一目标，学校采取了一系列措施，保证访谈的科学性和规范性。

### 访谈对象的选择

访谈对象包括不同年级、不同班级的学生，学校根据学生的年龄、性别、学习成绩等因素，随机选择访谈对象，以保证收集到的信息具有广泛的代表性。例如，在 2023—2024 学年的学生访谈过程中，访谈样本覆盖了全校 6 个年级，共 36 个班级，访谈学生总数达 360 人，实现了样本的多样性和代表性。

### 访谈形式的选择

访谈主要采用个别访谈和小组访谈相结合的形式，根据访谈目的和学生特点灵活选择。其中，个别访谈有助于深入了解学生的个人感受和存在的具体问题，而小组访谈则可以促进学生之间的交流和互动，激发更多的讨论和反馈。例如，2024—2025 学年第二学期的访谈参与率达到 26%，共收集有效访谈记录 120 份。其中，个别访谈占比 40%，小组访谈占比 60%，显示出访谈形式的多样性和有效性。

## ▌访谈环境的营造

在访谈过程中，学校访谈人员有意营造出轻松、开放的氛围，鼓励学生畅所欲言。同时，访谈人员保持中立和尊重的态度，避免对学生的回答进行评判或引导，确保学生能够真实、客观地表达自己的想法和感受。例如，通过访谈，学校发现学生对访谈的参与度较高，90% 的学生表示愿意定期参与访谈，认为这是表达自己意见的有效途径。

## ▌访谈过程的记录

访谈过程中，学校访谈人员详细记录学生的回答和反馈，包括学生的具体观点、建议和感受。记录方式采用笔记、录音或录像等形式，确保信息的完整性和准确性。同时，访谈人员需对记录的信息保密，保护学生的隐私。

## 访谈结果的整理与反馈

访谈结束后，学校工作人员会对访谈内容进行整理和分析，找出学生关注的焦点话题和普遍存在的问题。基于这些分析结果，工作人员进一步为学校管理层和教师提供具体的教学建议，以促进教学质量的提升和学生学习体验的优化。

## 访谈内容的整理

访谈结束后，访谈人员对记录的内容进行整理和分类，提取关键信息和主要观点。对于录音或录像资料进行转录和整理，确保信息的清晰和准确。整理后的访谈内容包括学生的具体反馈、建议和感受，以及访谈人员对访谈内容的初步分析。例如，在2024—2025学年第二学期的访谈中，学校共收集了来自6个年级的120名学生的反馈，其中80%的学生对课程设置表示满意，认为课程内容丰富且实用；85%的学生对教学方法表示认可，认为教师能够灵活运用多种教学手段，激发学习兴趣。这些数据为后续的分析提供了重要依据。

## 数据分析与报告撰写

相关人员对整理后的访谈内容进行深入分析，通过内容分析法提炼出学生的主要观点和问题，形成详细的访谈报告。报告中不仅包括数据的统计结果，还会结合学生的具体反馈，提出针对性的改进建议。报告内容涵盖学生的学习体验、教师表现、班级管理、个人发展和其他建议等多个方面，确保全面反映学生的反馈信息。例如，通过对访谈数据的分析，学校发现在"教师表现"部分，学生对教师课堂管理的满意度为82%，对教师作业布置与批改的满意度为78%。这些数据表明，虽然学生对教学整体较为满意，但在作业布置和批改方面仍有提升空间。

## ▌ 反馈与改进

相关人员将访谈结果及时反馈给教师和管理层，帮助他们了解学生的需求和期望，调整教学策略和管理方法。学校将根据访谈结果制订具体的改进计划，优化教学内容和方法，提升教学质量。例如，根据上述访谈结果，学校提出了具体的改进建议，如开设更多元化的选修课程、优化作业布置量和批改方式等。同时，学校将改进措施和进展情况及时告知学生，让学生感受到他们的意见被重视和采纳，增强学生的参与感。例如，在实施新的作业批改方式后，学生对作业布置与批改的满意度从 78% 提升至 85%，显示出改进措施的有效性。

## 三、学生反馈制度的特色与创新之处

学生问卷及访谈反馈制度在清华附中的推行展现出了诸多创新之处，而这些创新点共同铸就了该制度的核心价值，使其在学校整体教学评价体系中占据了独特且重要的地位，为教学质量的提升提供了有力支持。

## ▌ 多维度反馈机制与结构化设计

学生问卷及访谈反馈制度在设计上充分体现了多维度反馈机制与结构化设计的创新理念，这一制度把问卷调查和面对面的深度访谈结合起来，形成了一个全面、立体的反馈体系。

其中，问卷调查能够广泛收集学生的意见，提供宏观层面的数据支持，而访谈则可以深入探讨学生的具体感受和建议，揭示其背后的原因和动机。这种结合定量与定性数据的方式，为清华附中提供了一个全面、立体的视角，有助于更精准地评估学校教学质量。

与此同时，问卷和访谈提纲的设计特别注重问题的科学性和合理性。问卷中的问题涉及教师日常教学的方方面面，并且逐步深入，从而确保学生能够清晰、准确地表达自己的看法。访谈提纲则更加注重开放性问题的设计，鼓励学生详细阐述自己的观点和感受，为学校提供更丰富的反馈信息。这种结构化与开放性相结合的设计，不仅提高了数据收集的效率，还增强了反馈信息的深度和广度。

▎ 学生的主体性与参与感

学生问卷及访谈反馈制度的核心理念之一是强调学生的主体性，将学生置于教学评价的中心位置，让学生在教学评价中拥有更多的话语权，从而增强他们的参与感和责任感。实践证明，这种参与感不仅激发了学生的学习积极性，还培养了他们的自我管理能力，使学生在学习过程中更加主动和积极。

首先，问卷和访谈的匿名性为学生提供了一个安全的表达环境。学生无需担心因真实表达自己的想法而受到教师或同学的评判，这种匿名性极大地鼓励了学生坦诚地分享他们的学习体验和对教学的建议。学校通过这种方式收集到的反馈信息也更加真实、客观，为教学改进提供了可靠的数据支持。

其次，问卷及访谈提纲的设计特别注重开放性问题的设置，鼓励学生详细阐述自己的观点和感受。在访谈中，学生被问及对课程设置、教师表现、班级管理等多方面的独特看法，这种开放性不仅让学生感受到他们的意见被重视，还激发了他们的思考和表达欲望。例如，学生在访谈中可以自由地讨论他们最喜欢的课程和教学方法，以及对班级活动和课外资源的期望，这些反馈为学校提供了宝贵的改革方向。

最后，学校通过定期的实证调查，建立了持续的反馈机制。学生能够看到他们的反馈意见被采纳并转化为具体的改革措施,这种可见的反馈循环进一步增强了学生的参与感。例如,学校曾根据学生的反馈,增加了跨学科综合课程的比例,以培养学生的跨学科素养。这些变化让学生感受到他们的意见对学校决策产生了实际影响,从而更加积极地参与到教学评价中。

## 数据驱动的决策支持

学生问卷及访谈反馈制度通过科学的数据收集和分析方法,为学校管理层和教师群体提供了数据驱动的决策支持力量。该制度不仅注重数据的收集,还强调数据的分析和应用,确保反馈信息能够转化为具体的教学改进措施。

在数据收集阶段,学校通过问卷调查和访谈调研,收集了大量定量和定性数据。数据分析团队运用统计学方法,对问卷数据进行量化分析,对访谈数据进行内容分析,提炼出学生的主要观点和问题。这些数据经过整理和分析后,形成详细的报告,为学校管理层和教师提供了直观的反馈信息。

在数据应用阶段,学校将分析结果反馈给每一位教师和班主任,帮助他们了解自己在教学过程和班级管理中的优缺点。学校管理层也会依据分析结果,制订针对性的教学提升方案,完善教学管理流程与课程架构。这种数据驱动的决策方式不仅提高了教学管理的科学性,还确保了教学改进的实效性。

　　《教育强国建设规划纲要（2024—2035 年）》明确提出："要深化教育评价体系，树立科学的教育评价导向，重点强化学生关键能力、学科素养和思维品质考查。"随着教育评价改革成为推动教育高质量发展的关键环节，清华附中通过课堂观察量表的革新、教学指导委员会的成立以及学生问卷与访谈反馈制度的实施，构建了更加科学、全面且以学生为中心的评价体系。这一系列创新举措不仅提升了教学质量，促进了教师专业成长，还充分关注了学生的个性化发展需求，为学生的全面发展提供了有力支持。未来，我们将继续坚守教育初心，深化评价体系改革，以评价促教学，以评价促发展，努力营造更具活力、更具包容性的教育生态，为培养德、智、体、美、劳全面发展的优秀人才奠定坚实基础。

第4章

教学制度
建设

教学制度是确保教育质量、规范教学活动、促进师生发展的关键要素。清华附中始终将教学制度建设作为提升学校教育水平的重要抓手，通过系统化的制度设计和持续的创新实践，为学校的教育教学活动提供了有力支撑。

# 常规性教学制度

常规性教学制度是学校教育质量的基石，是教师教学活动的规范，更是学生全面发展的保障。清华附中高度重视教学工作的规范性和有效性，通过不断完善常规的教学制度，保证教学活动的每一个环节都能达到高质量的标准。

## 一、教师教学工作规范

教师的教学工作不仅限于知识的传授，更是对学生全面发展的引导。清华附中始终坚持以学生为中心，以教师为关键，通过科学规范的教学管理，确保每一位教师都能在教学工作中发挥出最大潜力，为学生的持续发展提供有力支持。

### 教学准备与计划

教学工作的成功与否，很大程度上取决于教师的前期准备和计划。在清华附中，教师的教学工作从充分的准备和周密的计划开始。学校规定，每位教师都需制订详细的学期教学计划和单元教学计划，确保教学目标明确、教学内容科学、教学方法恰当、教学组织严密。

## 教学计划的制订

　　教学计划是教师教学工作的蓝图，它为教师的教学活动提供了明确的方向和目标。其中，学期教学计划是教师本学期的教学依据，应在开学前完成，计划内容应包括课标分析、学情分析、教材分析、教学目标、重难点、教学方法、教学活动、评价方式和进度安排等。教师在制订计划时，需做到三个熟悉：一是熟悉大纲和课标相关内容，明确教学目标、了解教学进度、弄清教学要求；二是熟悉教材，通读教材、掌握脉络、明确重难点；三是熟悉学生，通过不同渠道和方式了解学生的层次、类型、能力、优势、不足等情况。

　　单元教学计划是教师进行单元教学的依据，应在每单元授课前完成。计划内容应包括教材分析、学情分析、教学目标、重难点、教学方法、教学活动、评价方式和学时安排等方面。教师在制订单元教学计划时，要确保与备课组保持一致，根据学生的实际情况，设置合理的学时和有效的教学活动。

## 备课要求

　　备课是教学活动的起始环节，它直接关系到课堂教学的质量。在清华附中，备课分为个人备课和集体备课两种类型。个人备课要求教师根据学科课程标准的要求和本门课程的特点，结合学生的具体情况，选择最合适的表达方法和顺序。教师个人备课需做到"三备"：备教材、备学生、备教法。备教材是指钻研教材，搜集有关资料，对教材的重点、难点有较深体会，做到心中有数；备学生是指了解学生的态度、知识基础、学习偏好，增强教学的针对性；备教法是指根据教材和学生的特点，精心选择合适的教学方法和教学模式。

备课组教师共同参与的备课活动，能够充分发挥集体智慧，提高备课质量。学校规定，集体备课要做到"三定"和"一交流"。"三定"即定时间、定内容、定中心发言人。备课组每周必须有固定的时间进行集体备课，研究教材目标，分析教材重点、难点、疑点，交流教学方法，落实核心素养。每次备课均应确定主题和中心发言人，由中心发言人发言，其他备课组成员围绕主题展开充分讨论。"一交流"是指充分探讨教学方法的选用，交流彼此的教学经验。

## 教案设计

教案是以课时为单位设计的授课计划，它为教师的课堂教学提供了详细的指导。学校要求，教师需在个人备课和集体备课的基础上，认真设计教案。教案应包括课题、教学目标、重难点、教学方法、教学手段、教学过程（含有例题和习题）、作业、板书设计、教学反思等。教师上课必须提前准备教案，教案应至少提前一周完成，并在授课前进行二次复备，进一步熟悉教案，如发现设计不当或错误之处，要及时加以调整或修改。课后应及时记录课后反思，总结教学中的经验和不足，为今后的教学改进提供参考。

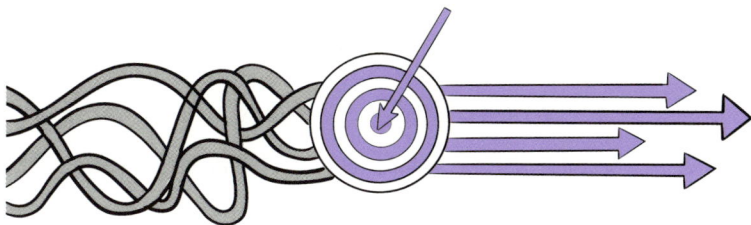

◇◆──────── 课堂教学与管理 ────────◆◇

作为教学活动的核心环节，课堂教学是教师向学生传授知识、培养能力、塑造品格的主要场所。教师在课堂教学中，应严格遵守课堂常规，确保课堂教学的规范性和有效性。

## 课堂常规

教师应严格按照课表上课，不得私自调课或代课。上课前，教师应在预备铃响之前进入教室，做好相关上课准备。教师应衣着得体、举止文明、维持良好教态，无特殊情况不得坐着上课。上课铃响后，教师应严格执行学生起立致敬的行为规范，培养学生良好的行为习惯。教师应关注学生的出勤情况，如有学生缺席，应及时询问具体情况，并与班主任联系沟通。

## ▌ 教学组织

教师应注重在课堂上培养学生良好的学习习惯，如要求学生坐姿端正，鼓励学生踊跃发言，严格执行学生在课上不得吃喝、不得看课外书、不得使用电子设备、不得随意交谈等行为规范，对于严重违反课堂纪律者，应记录该生姓名并在课后进行教育。教师在使用中文教学时，应使用普通话，用语文明、通俗易懂，注意讲话音量和授课速度，尽量照顾大多数学生的需求。教师在课堂教学时不得使用通信工具，不做任何与教学无关的事情，不拖堂，不早退，无特殊情况不得随意离开教室。教师要尊重每一位学生，不得歧视、侮辱、讽刺挖苦学生，任何情况下不得将学生赶出教室，不得体罚或变相体罚学生。教师板书要工整、规范、重点突出，做到字体大小适度、无错别字。教师应根据教学内容，科学使用现代化教学手段，提高课堂效率。课件字体应符合阅读习惯，图片清晰，使用电子屏幕开展教学的时长累计不得超过教学总时长的30%。

## ▌ 教学方法

教师在课堂教学中，应努力提高课堂效率，充分利用课堂时间，确保学生能够有效学习。教师应明确教学目标，使教学内容具有科学性和思想性，选择恰当的教学方法，组织严密的教学活动，激发学生的学习积极性，提高学生的课堂参与度。教师应注重讲思路、讲方法、讲规范，帮助学生掌握分析问题和解决问题的能力，促进学生综合素质的提升。

## ▌作业布置

　　作业布置的目的要明确，题目要精选，基本题、综合题、选做题的数量和比例要适当。在布置作业的过程中，既要考虑学生完成本学科作业所需的时间，又要综合考虑学生完成各科作业所需的总时间，严格控制课外作业的数量，避免给学生造成过重的负担。对作业的要求要统一、明确、具体，对于不同能力和需求的学生，尽量设置分层作业，以满足不同层次学生的学习需求。

## ▌辅导与答疑

　　教师应及时掌握每一位学生的学习状况，根据学生的情况进行必要的辅导或答疑，因材施教。对于学习成绩优秀的学生，教师应鼓励他们开展社团活动、成立兴趣小组或学习小组，以扩大知识面，丰富课余生活，提升学生的学科核心素养。对于学习存在困难的学生，教师应进行个别谈话，在了解、分析原因的基础上，帮助他们端正态度、树立信心、改进方法，并进行有针对性的个别辅导。教师应有计划地在自习课或课余时间进行个别辅导、答疑，辅导时间专时专用，切实起到个别辅导的作用。

## 教学评价

评价应采用多种形式，除了日常考查和阶段性考试，学校鼓励教师采用多种方式对学生进行多角度的过程性评价。课堂提问、随堂测验、日常作业、单元检测等都属于平时考查，课内测验不得事先通知学生，不得利用自习课、课外活动的时间进行考查。期中、期末等大型考试重在考查学生对基础知识和基本技能的掌握情况，教师命题要紧扣教学大纲，覆盖面要广，鼓励原创题，不出偏题、怪题。在考试结束后，各备课组应组织网络流水阅卷，试卷批阅和讲评均应及时。教师要认真做好考试成绩分析，认真填写《清华附中考试成绩分析表》，同时还应认真总结试卷中反映出的教学问题，不断改进教学方式。

## 教学支持与服务

教研组长、备课组长、教学管理与研究中心主任和副主任等岗位承担着重要的教学支持职责，他们积极协助学校建立正常有序的教学环境，确保教学活动的顺利进行。

## ▌教研组长职责

教研组长是学科教学的核心管理者，对本学科的教学质量负责。其职责包括参与制订年级教育、教学计划，提出教师队伍调整和聘任意见，组织教师学习和研究课程标准，开展教学研究活动，检查教师教案，配合学校搞好教案的评优活动等。此外，教研组长需定期听课，了解教师的教学指导思想、教学能力及教学效果；组织教师总结经验，开展教改实践和教育科学研究工作，形成良好的学术氛围。

## ▌备课组长职责

备课组长主要负责本年级的教学工作，组织教师进行备课和教学研究。其职责包括制订学期教学工作计划，组织备课小组教师认真备课，开展教学研究，组织观摩教学及互相听课，贯彻因材施教原则，开展分层教学，指导青年教师进修和提高。备课组长需要每月至少听两节课，并认真积累教学资料，组织教学质量检查与分析，配合教研组及年级对青年教师进行培训和考核。

## ▌教学管理与研究中心职责

教学管理与研究中心协助主管校长管理教学工作，确保教学任务的完成和教学质量的提升。其职责包括协助制订学校发展规划和学期、学年工作计划，组织管理教学工作，协助领导教研组工作，妥善安排教学任务，组织选修课、讲座及学科小组活动，组织校本课程的开发活动等。此外，教学管理与研究中心需经常深入第一线，参加集体备课，检查教案、作业，召开各种类型的座谈会，了解教师的思想状况和业务水平，做好教师的考核、评估、奖惩、聘任、晋级、评定职称等工作。

### ▌其他教学支持岗位

教务办公室负责人负责教务工作的组织和管理，包括新生学籍的建立、课表的编排与管理、考务工作等。教务员负责学籍管理、选修课管理、课表管理、考务工作、教学检查等工作。这些岗位的教师通过各自的工作，为学校的教学活动提供了坚实的支持和保障。

## 二、教学研究与考试管理

清华附中建立了科学、规范的教学研究与考试管理体系，保证学校能够及时发现问题、调整策略，从而实现教育目标的高效达成。

◇———————— 教学研究与管理 ————————◇

教科研室主任和干事承担着推动教学研究、提升教师专业素养的重要职责。此外，文印室工作人员也在教学管理中发挥着不可或缺的作用。他们相互配合、协同推进，共同为学校教育教学质量的提升提供保障。

## ▌教科研室主任岗位职责

　　教科研室主任是学校教学研究的核心管理者，负责全面贯彻学校办学方针，并将方针落实到各项科研活动中。其主要职责包括负责教科研室的全面管理工作，审阅相关文件稿件，推荐优秀稿件参评和发表，拟定学期工作计划并进行学期工作总结。

　　此外，教科研室主任还需调研科研课题，推动全校课题工作的开展，组织教师教科研培训，协助组织校内外各类教育科研研讨会或现场会，制订教科研工作的相关条例和要求，为校领导和其他处室提供所需资料，起草相关文件，接待来访的外单位教科研领导和团体，编辑和出版校刊，负责与海淀区科研管理平台相关的教师工作。

## ▌教科研室干事岗位职责

　　教科研室干事主要协助办公室主任开展日常工作，核心职责涵盖会议对接与信息传递、资料管理与文书处理、教科研活动组织、服务保障与对外联络四大类：负责代替主任参加校外各级教科研会议并准确传达会议内容，发放各类教科研通知，领取相关文件；承担教科研文字资料的录入、扫描、整理、归类、存档工作，管理教科研室图书，负责相关资料的复印、装订与发放，同时浏览教育科研相关资料目录及梗概，为主任提供参考；统筹校刊编辑与出版工作，组织年度成果统计、论文收集、分类及发奖准备等事宜，开展教师部分相关稿件的参评、征集等初审工作，协助完成校内外各类教育科研研讨会的组织协调；负责对外联系各种具体事宜，承担部分接待、交流工作，负责教科研室各项日常活动的程序操作。

## ▍文印室工作人员岗位职责

文印室工作人员负责为师生提供高质量的文印服务，其主要职责包括树立为教育一线服务的意识，热情为广大师生员工服务，努力钻研业务，不断提高文印质量。文印材料要求字迹清楚、编排美观、正确无误、符合规定格式。所有印件必须登记，对未经教学管理与研究中心批准的各种资料一律不得接受。来稿要求字迹清楚，插图要规范且清晰。严格遵守保密制度，对保密资料要妥善保存，及时处理。不得将保密资料带出文印室，对试卷等保密材料要有交接手续，不得外传。根据各种印件的特点和要求，按时保质保量完成任务。搞好文印室的清洁卫生工作，及时做好各种机器设备的维修保养工作。勤俭节约，反对浪费，努力为国家节约纸张，为学校、为学生减少开支。

## 考试规范与管理

考试是教学评价的重要手段，对此清华附中制订了严格的考场和监考要求，旨在通过科学规范的考试管理，保证考试的公平性，有效检验学生的学习成果。

### 考场布置要求

布置考场的具体要求包括考场应桌椅整齐，室内整洁，必须做到五净：墙面净、桌面净、桌斗净、椅面净、地面净。考场电子监控系统及广播系统应正常工作，考场内除必备物品和文字外，不得留有其他任何可能影响考试的物品和字迹。讲台最左侧的第一个座位为起始编号，所有编号呈纵向 S 形排列。讲台最左列和最右列课桌靠墙，第一排不超过讲台，最后一排靠墙，每排、每列课桌要对齐。各考场黑板必须统一书写格式，内容应包括：考试科目、考试时间、试卷页数、答题卡张数、携带手机入场一律按考试作弊处理。

## ▍监考工作要求

监考工作的具体要求包括教师在期中、期末考试前两天查看监考表及通知，不得私自调换监考安排。因病、事不能参加监考的教师须提前到人力资源管理中心办理请假手续。监考员进入考场后，不准携带任何通信工具，不准携带任何与监考工作无关的物品，不准做与监考无关的事情，不得有影响考生正常答卷的行为。遵守监考纪律，不擅离职守，不打瞌睡，不阅读书报，不看手机，不听音乐，不使用计算机，不聊天，不抄题，不做题，不暗示考生答题，不得擅自提前和拖延考试时间，不准随意离开考场，不得以任何理由将试卷、草稿纸带出或传出考场。考试期间，按照《清华附中监考工作职责》监考，监督考生按规定答卷，制止和处理考生在考场上的违规作弊行为，填写有关记录，并按规定做好相关工作。考试结束后，监考教师应按当场考试主考教师的要求将试卷收齐、核对数目，填写监考记录，将试卷和监考记录送考务室，并按要求进行试卷装订。将试卷（含机读卡）、监考记录交主监考教师。主监考教师核实后，将监考记录交教学管理与研究中心。

## ▍监考工作职责

监考教师的职责包括考前及发卷、考试过程和收卷及交回试卷等环节。考前及发卷时，监考教师需提前到达考务室领取试卷等相关考试资料；提前到达考场履行职责，包括将考试科目、时间、试卷页数等信息写在黑板上，指导学生按考号入座，宣布考场纪律，提醒学生不得将饮料或食品、手机等通信设备、与考试相关的任何资料等物品带入考场，请学生再次进行检查，要求带手机的学生将手机关闭，检查确认后将手机放入书包。开考前 5 分钟，监考教师分发试卷，提醒学生在规定位置填写姓名、考号等信息，提醒学生填写完个人信息后不能在试卷或草稿纸上答题。考试过程中，监考教师需及时处理考场偶发事件，学生交卷出场时间不得早于每科目考试结束前 30 分钟，考试结束前 15 分钟，监考教师提醒学生距考试结束还有 15 分钟。收卷及交回试卷时，监考教师需按照考试结束信号宣布停止答题，宣布收卷方法和纪律，要求学生原地不动，清点试卷无误后，学生离开考场，监考教师将考试材料带回考务室，完成试卷装订、监考记录回收等工作。

## 三、教学监督与保障

清华附中构建了完善的考试监督与教学保障机制，使之能够及时发现和解决教学过程中出现的问题，从而确保教学活动的高效和有序进行。

### 考试过程监督

清华附中的考试过程监督制度不仅包括对考试违纪和作

弊行为的严格认定与处理，还涵盖了试题命制、阅卷以及学生
成绩管理等多方面内容。

## ▌学生期中、期末考试须知

为确保学生在期中、期末考试中能够顺利发挥，清华附
中制订了详细的考试须知。学生需提前进入考场，携带必要的
考试用品，严格遵守考场纪律，不得携带通信工具等违规物品。
考试过程中，学生需按照监考教师的指示进行操作，如有疑问
应及时举手示意。考试结束后，学生需按照监考教师的要求有
序离开考场。对于违反考场纪律的行为，学校将严格按照相关
规定进行处理。

## ▌试题命制和阅卷的有关规定

试题的命制和阅卷工作直接关系到考试的公正性。其中，
命题要求紧扣课标和教材，适度考查能力，题量适中，涵盖多
种题型。命题时需充分考虑知识的覆盖面，确保试题格式统
一，并附有答案和评分标准。阅卷工作要求严格，必须按照评
分标准进行，确保评分的公正性和准确性。对于重要考试，命
题教师需与学校签订保密协议，保证考试的保密性。另外，学
校定期组织命题和阅卷培训，以提高教师在这两方面的专业
水平。

## ▌考试违纪和作弊行为的认定及处理办法

为维护考场秩序，严肃考场纪律，清华附中制订了明确的考试违纪和作弊行为的认定及处理办法。考试违纪行为包括携带规定以外的物品进入考场、未在规定座位参加考试、考试信号发出前或结束后答题、旁窥他人试卷、交头接耳、喧哗等。考试作弊行为包括携带与考试内容相关的材料或电子设备、抄袭或协助他人抄袭、使用通信设备、由他人冒名代替参加考试等。对于违纪和作弊行为，学校将根据情节轻重给予相应的处分，如警告、严重警告、记过等，并将违纪作弊行为记录在学生的诚信档案中。

## ▌学生成绩管理的规定

平时成绩需要根据学生的作业、课堂表现、单元测试等情况进行综合评定，期末成绩的评定以期末考试成绩为主，学期成绩综合平时成绩、期中成绩和期末成绩进行评定，学年成绩则综合两个学期的成绩进行评定。对于不及格的学生，学校会安排补考，补考成绩将作为最终成绩记录下来。此外，清华附中还建立了电子成绩平台，方便教师和学生查询成绩。

### ◇◦—— 教学过程监督 ——◦◇

清华附中的教学过程监督包括对教师批改作业的要求，

对教学责任事故的认定和处理等方面。通过规范教师的教学行为，学校能够有效提升教学效果，从而为学生提供更优质的教育体验。

## 教师批改作业要求

教师布置作业时，需目的明确，所列的题目需经过精心挑选，并符合教学要求和学生实际。作业可分为必做类和选做类，满足不同层次学生的需求。作业的批改、讲评需及时进行，要对学生的优秀作业进行表扬，对不合格作业进行面批面改。发现作业拖欠、缺交、马虎或抄袭等现象，教师要及时批评教育，并要求学生补做或重做。对于作业中的错误，教师要督促学生及时订正，做到"有发必收，有收必改，有改必讲，有错必纠"。学校会定期组织作业批改情况的检查，对认真批改作业的教师给予表扬，对批改不认真的教师按教学事故处理。此外，学校鼓励教师创新作业形式，如布置小论文、小制作、实验报告等，以提高学生的实践能力。

## 教学责任事故的认定原则和处理办法

教学责任事故是指教师、教学辅助人员或教学管理人员的直接或间接责任，导致影响正常教学秩序、教学进程和教学质量的消极后果。清华附中制订了明确的教学责任事故认定原则和处理办法，根据事故的情节和后果，分为一般教学责任事故和重大教学责任事故。一般教学责任事故包括作业批改不及时、课堂纪律混乱等，重大教学责任事故包括散布违背社会主义核心价值观的言论、考前泄露试题内容、考试命题错误等。对于教学责任事故，学校将根据情节轻重给予相应的处理，如批评教育、扣发津贴或奖金、全校通报等。

# 创新性教学制度

在教育创新与发展的征程中，清华附中积极探索并构建了一系列的创新性教学制度。这些制度涵盖了教师培养与发展、学生招生与管理、教学研究与科研管理等关键领域，其意在借助多元的培养机制、科学的管理体系和开放的学术环境，为教师的专业成长和学生的全面发展提供坚实保障，推动学校教育教学质量的持续提升。

## 一、教师培养与发展制度

教师的专业成长与培养体系是推动教育高质量发展、培养创新型人才的关键基石。清华附中通过多元化的发展路径和创新性的培养机制，助力教师突破传统教学模式的局限，实现专业素养的飞跃与教学理念的革新。

### ▌师徒结对制度

清华附中高度重视青年教师的培养工作，并通过师徒结对制度来帮助青年教师快速成长。学校精心挑选经验丰富的资深教师担任指导教师，为青年教师提供全方位的支持与指导，这不仅是对传统"传帮带"模式的继承，更是结合现代教育理念的创新实践。

　　学校规定，指导教师需关心青年教师的成长，重点关注其业务水平和教学能力的提升。具体地说，指导教师每周应至少听青年教师 1 节课（每学期不少于 20 节），并及时交换意见；每单元（或每章节）检查一次青年教师的教案，以保证教案质量；指导青年教师认真处理作业，精选练习，每周至少交流研讨一次。指导教师还需按时填写听课记录，学年结束时对青年教师的教学态度、业务水平和教学能力提出简要的书面评价意见，并将听课记录交到教学管理与研究中心。

青年教师要主动向指导教师请教有关教学的问题，虚心听取指导教师的意见；每周至少听指导教师 2 节课（每学期不得少于 40 节），对重点、难点内容应逐堂听课，并认真做好听课笔记，对照自身教学进行改进和提高。青年教师应根据学科授课计划，提前一至两周写好下一单元的教案，主动请指导教师检查，听取指导教师的意见；同时需要完成指导教师根据学科特点提出的其他基本能力训练任务，并在指导教师的帮助下，优化课堂教学结构，提高课堂教学效率。此外，青年教师还需按时填写听课记录，学年结束时将听课记录交至教学管理与研究中心。

## ▌理论学习制度

对于打造高质量的教师队伍，最重要的是精神引领、使命驱动。清华附中鼓励教师在言传身教、不懈学习和躬身实践中践行教育家精神。学校每月制作专题读书分享资料，以叶圣陶、罗家伦、于漪等不同时代的教育家、大先生为学习对象，让全体教师致敬并学习他们的教育思想。通过学习，教师在持续叩问、不断思考、共勉共进中，体会教育家的"大我"情怀和弘道追求，从而增强教育使命感和职业认同感。学校定期组织教师参加教育论坛和研讨会，邀请教育领域的专家学者分享最新的教育理念和实践经验。此外，学校还设立了"教师读书角"，定期更新教育经典书籍和最新研究成果，鼓励教师在业余时间阅读和学习，提升自身的专业素养。

## ▍荣誉激励制度

构建教师荣誉体系是激发教师荣誉感、归属感的有效措施，更是点燃全体教师工作热情的重要手段。清华附中创立了独具特色的教师荣誉体系——校长奖，其中的子奖项"自强杯""风华杯""厚德杯"，分别用于鼓励青年先锋人才成长、激励中年骨干教师不断创新、奖励成绩卓著且德才兼备的资深教师。

"自强杯"面向 35 岁以下的青年教师，鼓励他们在教学和科研领域积极探索，勇于创新。学校为青年教师提供丰富的培训和展示机会，帮助他们快速成长。例如，学校每年组织青年教师参加教学竞赛，评选出优秀青年教师进行表彰和奖励，激励他们在教学实践中不断追求卓越。

"风华杯"面向 35~50 岁的中年骨干教师，鼓励他们在教学实践中不断追求卓越，成为学科领域的领军人物。学校为中年骨干教师提供高级研修班、学术交流等机会，帮助他们在专业领域中取得更大的突破。例如，学校曾组织中年骨干教师赴美国参加教育研讨会，与国际教育专家交流学习，拓宽了他们的国际视野。

"厚德杯"表彰 50 岁以上的资深教师，他们在长期的教育实践中积累了丰富的经验，为学校的教育事业做出了突出贡献。学校为资深教师设立了专项荣誉基金，表彰他们在教育领域的卓越成就，并鼓励他们继续为学校的教育事业贡献力量。

## ▎成 长 导 航 制 度

清华附中为教师提供了从入职到成长、成熟的一站式职业成长规划，通过实施德育技能与教学技能"两手抓"和理念提升与技能提升"双提升"工程，全面完善教师专业成长体系。

学校定期组织德育、学科德育专题研讨和比赛，开展成长型班主任专项培训、优秀班主任经验分享等活动。这些活动不仅提升了教师的德育能力，还增强了教师的班级管理能力。例如，学校每年组织班主任培训，邀请优秀班主任分享班级管理经验，帮助新入职的班主任快速提升管理能力。

此外，学校还实施了教师海外研修专项计划，选派优秀教师赴美国、挪威等国调研学习，拓宽教师的国际视野，提升教学技能。例如，学校曾选派一批优秀教师赴挪威参加教育研修班，学习挪威在素质教育和创新教育方面的先进经验。这些教师回国后，将所学经验应用到日常教学中，取得了显著的效果。

学校还定期开展青年教师读书沙龙、青年教师汇报展示课等活动，为青年教师提供展示自我、交流学习的平台。通过这些活动，青年教师不仅能够提升教学技能，还能在实践中不断积累经验，提升育人水平。例如，学校每月组织一次青年读书沙龙，邀请青年教师分享读书心得，促进教师之间的思想交流和专业成长。

## 二、特长招生与本部留学制度

清华附中在特色人才培养方面，通过特长生招生和一体化学校学生交流等创新机制，为具有特殊才能的学生提供了广阔的发展空间，同时也促进了学校教育资源的共享与优化。

### 特长生招生制度

清华附中根据北京市教委的相关规定，结合自身办学特色和教育目标，制订了详细的特长生招生计划和测试标准，并严格遵循教育公平原则，确保招生工作的透明性和公正性。

#### 体育特长生招生

清华附中招收体育特长生的项目包括田径、男子篮球、女子篮球、男子足球等。招生面向具有北京市普通高中升学资格的初中应届毕业生，要求学生在体育方面具有突出表现和高水平的运动能力。报名学生需通过线上邮箱提交相关材料，包括个人基本信息、体育特长证明等，经学校初审合格后，方可参加体育专项测试。测试内容根据具体项目设定，旨在全面评估学生的专项技能和身体素质。学校根据测试成绩确定入围名单，并在官方网站进行公示，确保招生过程的透明性。最终，学校将综合考虑学生的中考成绩和专业测试成绩，择优录取，确保选拔出真正具有体育特长的学生。

## 美术特长生招生

美术特长生的招生对象为具有北京市普通高中升学资格且在美术方面表现突出的应届初中毕业生。招生流程包括网上报名、校级测试、区级测试和最终录取 4 个环节。考生需在规定时间内登录清华附中官方网站进行报名，并提交包括个人基本信息、美术特长证明等在内的相关材料。校级测试内容涵盖素描、速写和色彩 3 个科目，考生需携带准考证、身份证或学生卡以及相关画具参加测试。通过校级测试的考生将进入海淀区统一组织的专业测试环节。最终，学校将综合考虑考生的中考成绩和专业测试成绩，结合公示结果，择优录取。

## 科技特长生招生

清华附中招收科技特长生的条件为具有北京市普通高中

升学资格的初中毕业生，要求考生具备较强的创新能力、探究精神以及独立思考能力。考生需在规定时间内通过官网报名，提交包括个人基本信息、科技特长证明等在内的电子版材料。校级测试内容涵盖科学素养、文献阅读理解、数理逻辑等，考生需携带准测证、身份证或学生卡等材料参加测试。通过校级测试的考生将获得参加海淀区统一测试的资格。最终，学校将依据考生的中考成绩和专业测试成绩，结合公示结果，择优录取。

## 一体化学校学生到本部留学制度

清华附中通过一体化学校学生到本部留学制度，为学生提供了更广阔的学习和发展空间，促进了教育资源的共建共享。

留学学生需满足一定的学术和行为标准，具体条件由学校根据实际情况制订。这些标准旨在确保留学学生具备良好的学习能力和行为规范，能够在本部的学习环境中快速适应并取得进步。同时，这也保证了本部的教学质量，确保了留学项目的整体水平。学生到本部留学需按照学校规定缴纳相关费用，具体标准由学校财务部门制订。同时，学校也会根据学生的实际情况，提供必要的资助和帮助，以保证经济困难的学生不会因费用问题而失去留学机会。

## 三、学术研究与科研管理制度

清华附中制订了完善的科研管理制度，为教师的学术探索和专业成长提供了坚实的保障，推动了教育教学的持续创新与高质量发展。

### 学术委员会制度

清华附中学术委员会是学校学术事务的核心管理机构，负责统筹协调学校的学术工作，确保学术活动的科学性、规范性和公正性。

#### 组织架构

学术委员会由校长、书记担任主任，副校长、副书记担任副主任，委员由具有高级及以上专业技术职务的代表担任。学术委员会委员的构成具有广泛的学科代表性，兼顾学科规模和学科发展。委员需具备以下条件：遵守宪法法律和学校章程，学风端正、治学严谨、公道正派；在本学科或专业领域已取得公认的学术成果，具有良好的学术声誉；关心学校建设和发展，具备参与学术议事的意愿和能力，能够正常履行职责。委员的选拔通过党政联席会提名、全体委员选举产生，确保委员的专业性和代表性。

## 职责范围

学术委员会的职责范围广泛，具体包括：审议学校学术发展规划和重要的学术研究计划，对学校整体战略发展规划提供咨询建议；指导、组织学术道德教育活动，受理有关学术不端行为的举报并组织调查，评议、裁决学术纠纷和学术失范行为；负责教师职称的评议等事项；负责教师荣誉称号的评议等事项；指导、组织学校教学研究活动；对其他未列明的学校学科建设、人才培养、教学研究、教师队伍建设等方面的重要事项提供咨询建议。

## 运行机制

学术委员会主任会议由主任根据需要召集，商讨、决定学术委员会日常工作。学术委员会按照少数服从多数原则决定事项，重大事项应经与会委员 2/3 以上同意，方可通过。在学术问题上，注重尊重少数人意见，鼓励学术创新和多样性。学术委员会可根据需要成立若干常设或临时性的评议组、评审组和专题组，以应对不同学术事务的需要。

## 委员管理

学术委员会委员享有以下权利：知悉与学术事务相关的学校管理制度、信息等；就学术事务向学校相关职能部门提出咨询和质询；在学术委员会会议中自由、独立地发表意见，讨论、审议和表决各项决议。同时，委员需履行以下义务：遵守国家宪法、法律和法规，遵守学术规范，恪守学术道德；遵守学术委员会章程，坚守学术专业判断，公正履行职责；勤勉尽职，积极参加学术委员会会议及有关活动。

学术委员会委员在任期内如有主动申请辞去委员职务、因身体或职务变动等原因不能履行职责、未能履行职责或违反委员义务、存在违法或学术不端行为等情况，可免除或同意其辞去委员职务。委员的增补或调整需经党政联席会讨论决定，确保委员队伍的稳定性和专业性。

## 教育教学研究基金管理办法

清华附中设立了教育教学研究基金，旨在支持校内教研组的建设、教师专业化的成长与发展、拔尖创新人才的培养、校本课程建设等方面的教学与研究工作。

### 申请条件与范围

申请教育教学研究基金的主体必须为校内教研组长或各处室部门负责人，申请者需具备一定的研究能力和学术背景，能够独立承担研究项目的实施。申请项目分为教育项目、教学项目和教学辅助项目三类，涵盖教育教学的各个方面。申请者需在规定的受理期限内，向教科研室提交填写完整的《清华附中教育教学研究基金申请书》。申请书应详细说明研究项目的背景、目标、研究内容、预期成果、研究方法、时间安排及经费预算等。申请者和项目组主要成员申请（含参加）的项目数，连同在研的校级基金项目数不得超过两项。在研项目的负责人出国或离校连续一年以上者，必须委托项目中的其他骨干成员负责组织项目实施并履行一定的手续，否则将中止项目。

## ▎ 评审程序

该基金每年受理一次申请，由校学术委员会与教科研室颁布具体的申请指南及有关事项。教科研室负责组织申请项目的初审，对申请手续不全或不符合要求的申请进行退回或补充。初审通过后，申请材料将提交至学校学术委员会进行复审。学术委员会由校内外专家组成，负责对申请项目进行综合评估，重点审查项目的科学意义、研究特色和创新点、研究方法的可行性等方面。评审过程中，专家将签署具体意见并盖章，确保评审结果的公正性和透明性。

## ▎ 项目管理与监督

项目立项后，学校将根据项目的研究计划和预算，提供相应的经费支持。项目负责人需按照项目计划书的要求，定期向教科研室提交项目的进展情况报告，确保项目按计划推进。

教科研室将组织中期检查，评估项目的进展情况和经费使用情况，及时发现并解决项目实施过程中出现的问题。项目结题时，需提交详细的结题报告和经费使用报告，接受学校财务部门的审计和监督。结题评审由学术委员会负责，对项目的最终成果进行评估，确保项目达到预期目标。对于未能按计划完成的项目，学校将根据具体情况采取相应的处理措施，包括但不限于暂停或终止项目资助。

### ▌经费管理

课题经费主要用于课题研究所需的资料费、设备费、差旅费、会议费、专家咨询费等。经费使用需经过严格审批，保障其合理性和透明性。报销流程要严格遵循学校财务部门的规定，确保手续规范、完整。同时，学校定期组织经费使用的相关培训，提升教师的经费管理能力。

### ▌奖励与激励机制

为鼓励广大教师积极参与教育教学研究，清华附中设立了科研成果奖励机制。对于在教育教学研究中取得突出成绩的教师，学校将给予表彰和奖励。奖励形式包括荣誉证书、奖金等，以激励教师不断提高科研能力和学术水平。此外，学校还定期组织科研成果展示活动，为教师提供展示研究成果的平台，促进教师之间的学术交流与合作。

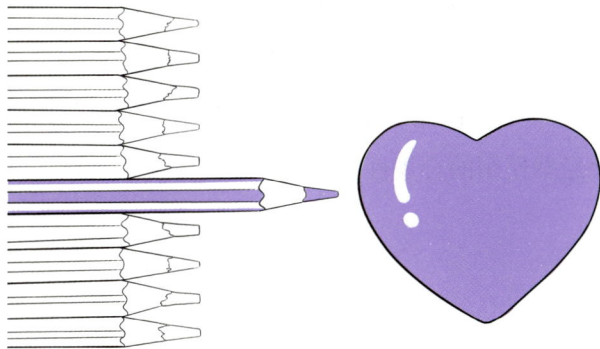

## 教育教学科研课题经费管理细则

为规范教育教学科研课题经费的使用和管理，清华附中制订了详细的经费管理细则，以提高经费使用的透明度和科学性，保障科研项目的高效实施。

### 经费使用范围

课题经费主要用于支持与教育教学科研直接相关的各项开支，包括但不限于资料费、设备费、差旅费、会议费、专家咨询费等。这些费用需与课题研究密切相关，确保经费使用合理、高效，避免浪费。

### 审批流程

课题经费的使用需经过严格的审批程序，课题负责人需在经费使用前提交详细的经费使用计划，经教科研室审核后，报学校学术委员会审批。审批通过后，课题负责人方可按照计划使用经费。对于重大经费支出，还需经过学校财务部门的复核，确保经费使用的合规性。

## ▌报销要求

课题经费的报销需遵循学校财务部门的规定。报销时，课题负责人需提供合法、有效的发票及相关证明材料，详细说明经费使用情况。报销单据需经教科研室审核，确认与经费使用计划一致后，方可提交至财务部门报销。财务部门将对报销单据进行严格审查，确保报销手续规范、完整。

## ▌监督管理

学校定期对课题经费的使用情况进行监督检查，确保经费专款专用，不得挪作他用。对于违反经费管理规定的课题，学校将采取相应的处理措施，包括但不限于暂停经费拨付、追回已使用的经费等。同时，学校将对课题经费的使用情况进行定期审计，以维护经费使用的合理性和透明性。

## 论文年会论文评审和奖励管理办法

清华附中制订了论文年会论文评审与奖励管理办法，主要是通过科学规范的流程，选拔优秀学术论文并予以表彰奖励，以营造良好的学术氛围。

## 评审流程

论文年会每年定期举行，教师需在规定时间内提交论文。论文应围绕教育教学实践、教育理论创新、学科前沿研究等主题展开，具有一定的创新性和实用性。论文评审由校外专家评审团和校内专家评审小组分别进行两次评审，论文评奖的最终结果以两次评审所得分数加权后得出。

## 评审标准

评审标准主要包括论文的创新性、科学性和实用性，评审过程中，专家将根据这些标准对论文进行打分和评价。创新性体现在研究视角、方法或结论上，能够为教育教学提供新的思路或解决方案；科学性体现在研究过程严谨、数据准确、论证充分；实用性体现在研究成果能够对教育教学实践产生积极影响，具有推广价值。

## 奖励办法

学校会对优秀论文进行表彰和奖励，设立不同等级的奖项，包括一等奖、二等奖和三等奖（分别约占当年论文总数的

20%、70%、10%）。一等奖奖励金额最高，用于表彰具有重大创新和重要学术价值的论文，获得一等奖的论文将会被选编入校刊《清华附中教育研究》；二等奖和三等奖分别奖励具有较高创新性和实用性的论文。获奖论文将在学校论文年会上展示，相关作者也会同时获得荣誉证书和奖金。此外，学校还将依据论文提交的数量评选出最佳组织奖，并给获得最佳组织奖的处室或教研组颁发证书。

## 公示与监督

评审结果将在学校官网上进行公示，接受全体教师的监督。公示期内，如有异议，教师可以书面形式向教科研室提出申诉。教科研室将组织专家进行复审，并在规定时间内给予答复。这样的公示和监督机制，能够在一定程度上保证评审过程的公正性和透明性。

## 教师出版资助基金管理办法

为提升学校教师的学术影响力，清华附中制订了教师出版资助基金管理办法，用以支持教师出版具有创新性和实用性的学术著作、教材及教学参考书，推动教育教学研究发展。

### 资助范围与条件

教师出版资助基金面向全体在职教师，资助范围包括学术著作、教材、教学参考书及其他与教育教学相关的出版物。申请资助的教师需提交详细的出版计划和书稿，明确出版物的学术价值、创新点及预期影响。申请资助的出版物需符合教育改革方向，具有较高的学术水平和实践指导意义。此外，申请者还需具备相应的学术背景和研究能力，能够独立完成出版物的撰写和修订工作。

### 资助流程

教师需在每年规定的时间内向学校教科研室提交出版资助申请，包括出版计划、书稿摘要及预算明细。教科研室对申请材料进行初审，确保材料的完整性和规范性。初审通过后，申请提交至学校学术委员会进行评审。学术委员会组织专家对申请项目进行评估，重点考察出版物的学术价值、创新性和实用性。评审通过的项目，由学校批准并拨付资助经费。资助金额根据出版项目的实际需求确定，确保项目的顺利实施。

## 经费管理与监督

资助经费专款专用，教师需按照批准的预算使用经费，主要用于出版费、印刷费等事项。经费使用需遵循学校财务管理制度，报销时提供合法、有效的票据和相关证明材料。学校对资助项目的经费使用情况进行监督检查，确保经费合理、高效地使用。项目完成后，教师需提交经费使用明细，接受学校审计。对于未按计划完成或经费使用不当的项目，学校将采取相应的处理措施，包括但不限于暂停资助、追回已拨付的经费等。

## 激励与支持

学校对获得出版资助的教师给予表彰，资助出版的成果将作为教师学术评价和职称评定的重要参考。此外，学校还定期组织学术出版经验分享会，邀请专家指导，提升广大教师的出版能力和学术水平。

制度建设与创新是清华附中教育改革的重要驱动力。通过不断完善常规性教学制度与积极探索创新性教学制度，学校为教师和学生打造了一个科学、高效、充满活力的教育环境，使每个人都能更好地成长与进步。

# 第5章

## 助力教师成长

基于对教师成长需求的深刻洞察与科研创新能力培养的高度重视，清华附中构建了一套独特的阶梯式教师教科研助力体系。通过分层分类的支持方式，为每一位教师搭建成长阶梯，不仅激发他们的潜能，更引领他们在教育科研领域不断迈向新高度。

# 清华附中教科研论文年会制度

清华附中一直以来始终将教科研视为教师专业成长和学校发展的核心驱动力。论文年会制度作为学校教科研的特色活动，最早设立于 20 世纪 80 年代，历经近 40 年的实践与革新，论文年会已经成为融合教学反思、理论探索与成果共享的综合性平台。从早期单一的教学经验总结，到如今涵盖学科本质研究、跨学科融合、大单元教学设计等前沿议题，年会主题的演变折射出清华附中教师的教育科研从经验型向理论实践结合型的跨越。

## 一、背景与目标

清华附中论文年会制度是学校坚持了近 40 年的特色教研活动。年会自设立之日起，便鼓励教师基于附中教育实践开展原创性研究。通过严格的评审机制，年会持续筛选出紧扣教育教学真问题、具有科学研究价值和借鉴意义的优秀成果。这种分层评价体系不仅保障了学术质量，更形成了"实践—研究—

改进"的良性循环，使一线教师的教学智慧得以系统化、理论化。值得注意的是，年会特别强调把教案与论文区分开来，引导教师超越操作层面，深入教育规律探究。

## 二、实施路径

### ▌第一阶段：筹备与征集（每年 10 月）

教科研室于每年 10 月上旬发布《年度教科研论文征集通知》，明确本年度的重点研究方向、论文格式规范及提交要求。通知通过校内办公系统、教研组长会议等多渠道传达，确保全体教师知悉。

### ▌第二阶段：撰写与提交（每年 10—11 月）

教师可以利用两个月时间完成论文撰写。11 月 30 日前，各教研组或办公室统一收取两项材料：一是隐去作者信息的匿名纸质版论文；二是单独的电子文档，其中包含作者信息及对应的论文题目。这样，既可以保障匿名评审，又可以根据电子文档进行后续颁奖。分别统计论文题目及作者信息。

### ▌第三阶段：评审（每年 11—12 月）

学校组建由高校、教育科学研究院专家等相关领域专家构成的评审委员会，对教师提交的论文进行双盲评审。论文评审中，专家将按照实践价值、学术规范和创新程度对论文进行客观评价。最终按照一等奖（约 20%）、二等奖（约 70%）、三等奖（约 10%）的比例进行评奖。

## 第四阶段：年会表彰（每年 12 月或次年 1 月）

教科研论文年会包括专家主题报告（聚焦年度教育热点）、一等奖获得者专题发言、颁奖仪式等多个环节。一等奖获奖论文还将汇编成册，刊发于校刊《清华附中教育研究》上。

## 三、实施成效与展望

清华附中论文年会制度经过多年实践，取得了显著的成效。在教师专业成长方面，每年年均提交论文率超 75%，青年教师获奖率逐年提升，每年都有大量论文在后续的市、区乃至国家级论文评审中获奖。有些与教育教学论文相关的研究成果后续还转化为市、区级课题，学术影响力持续扩大。

不过，当前年会制度也面临着一些问题，主要包括三方面的挑战：一是仍有部分论文在理论与实践方面存在一定失衡现象，导致在后续论文评奖中受限；二是跨学科合作撰写的论文数量较少，比例较低；三是教师撰写的论文存在"断点"，每年关注不同的教育教学问题，因而缺乏前后研究的一致性和关联性。

后续学校将结合"课堂革命"，在主题培训过程中加强对课题研究以及论文撰写的专业化培训；鼓励教师进行跨学科合作，提升教师在实际教学、论文撰写以及课题研究方面的跨学科合作；鼓励教师将课题研究与论文撰写相结合，使系列化研究成果能够固化为系列论文，提升论文主题的连续性。

# 清华附中专项课题

教育科研是推动教学质量提升和教师专业发展的重要途径。但在实际教学过程中，许多教师因缺乏科研意识或方法，难以将教学问题转化为研究行动。"清华附中专项课题"管理项目的设立正是为了破解这一难题。该项目主要利用为期一年的短期研究项目，普及科研理念、培养教师的学术素养，让每位教师能够从实践出发，用科学的方式分析和解决问题。

## 一、项目背景与目标

在教育的日常实践中，教师会遇到各种挑战和问题，例如学生学习效果不佳、课堂管理难度增大或教材内容无法完全适配等。这些问题既是教学中的痛点，也是开展教育科研的重要起点。然而，由于缺乏系统性的指导和支持，很多教师难以将这些具体问题转化为有价值的研究课题，从而错失了以科学思维改进教学的机会。

为了解决这一难题，"清华附中专项课题"管理项目应运而生。该项目通过提供低门槛的申报渠道、资金支持以及灵活的选题规划，搭建起教师进入科研领域的桥梁。其目标是在一年时间内，通过循序渐进的引导，使参与者掌握基础研究方法、初步形成科研意识，并为后续更高水平、更深层次的学术研究打下坚实基础。

## 二、项目特色与实施路径

### ▌低门槛申报

该项目鼓励每 3 人为一个单位进行申报，为每位参与者提供团队合作机会，同时降低个人压力。无论是资历较深还是刚入职的新手，都可以轻松参与其中。不需要复杂烦琐的流程，只需提出一个简单且贴近实际的问题，就能迈出科研的第一步。这种设计不仅提高了教师的参与率，还营造了轻松友好的学术氛围。

### ▌资金支持

每项课题均提供 3000 元专项经费，用于资料购买、调研活动以及必要设备的租赁使用等。这笔资金体现了学校对教育科研工作的高度重视。同时，这种支持使得更多资源得以有效利用，从而进一步保障课题的顺利推进。

## ▌灵活选题

教师可根据自己在教学实践中的真实困惑，自由选择研究方向。这种灵活性能够确保每个课题都具有针对性和实用性，让教师能真正解决课堂上的具体问题，同时还能增强他们对自身工作的反思能力。

## ▌专业评审

评审委员由校内教研组长和学部主任组成，他们既熟悉学校的实际情况，又具备丰富的学术经验，为课题评审提供了双重保障。在评审过程中，学校要求评审委员不仅注重选题的新颖性，还要关注选题的科学性与可操作性，以确保每个立项都能够取得切实的成效。此外，评审环节还设置了一对一反馈机制，使未获批课题也能获得改进建议，从而提升申请人下一次申报的成功率。

## ▌成果形式多样

该项目特别鼓励成果呈现形式的多样化。除了传统的论文，研究成果还可以采用案例分析、教学设计甚至微视频展示等方式进行展示，多样化的形式也让不同类型的成果更具传播力，更容易被其他同仁借鉴学习，从而扩大课题研究成果的影响力。

## 三、实施成效与展望

　　"清华附中专项课题"管理项目的启动已逐步显现成效。参与者纷纷表示，这一阶段性的探索让他们第一次感受到教育科研并非遥不可及，而是一件可以直接从日常工作中着手完成、有趣且充满意义的事情。他们不仅学会了如何将教学实践中的困惑转化为研究课题，还掌握了一些基本且实用的方法，如文献综述技巧、数据收集与分析策略等。此外，通过完成自己的研究任务，不少教师发现自己重新焕发了工作热情，对教育事业有了更加坚定、自信的愿景。

　　未来，"清华附中专项课题"管理项目将进一步优化设计。例如，引入线上、线下相互结合的交流形式，为参与者提供实时互动空间；同时加强优秀成果展示环节，将典型案例推广至更广大的师生群体。

# 清华附中校内基金项目

**教**育事业的发展离不开对教师科研能力的持续培养与提升。相比初级阶段的科研尝试，更高层次的学术研究需要更深的理论功底、更强的问题洞察力和更系统的方法论支持。"清华附中校内基金项目"以骨干教师为主要目标群体，通过 3 年的长周期研究，帮助他们从教学实践中的具体问题出发，将对问题的研究和解决过程转化为具有学术价值和推广意义的研究成果。

## 一、项目背景与目标

"清华附中校内基金项目"专门为备课组长、学部主任及以上骨干教师量身定制。这些骨干力量长期活跃于教学第一线，对教育教学中的难点和痛点有着深入的理解，同时也积累了丰富的实践经验。"清华附中校内基金项目"通过提供长期稳定的支持平台，为这些教师搭建从实践到理论，再到应用推广的桥梁。

　　该项目旨在通过 3 年的深入探索，引导参与者掌握系统性的科研方法，形成具有一定理论高度和实用价值的研究成果。同时，这一过程也将为他们申报市级、省级乃至国家级课题或成果奖奠定基础，使其成为推动区域教育改革与创新的重要力量。

## 二、项目特色与实施路径

### 长期研究：深度探索教育难题

　　与"清华附中专项课题"管理项目所支持的短期课题不同，"清华附中校内基金项目"设立了为期 3 年的研究周期。这种较长的研究周期不仅给予参与者充足的时间去挖掘问题的根源，还允许他们设计多轮实验或调查以验证假设。此外，在这个过程中，教师可以反复优化自己的研究方案，从而确保最终成果兼具深度与广度。

### 团队协作：激发集体智慧

　　"清华附中校内基金项目"鼓励 10 人以内的团队申报，通过集体协作实现资源共享、思维碰撞以及任务分工。例如，在"跨文化交际能力培养策略"的专题研究中，部分成员负责学生问卷设计分析，另一些成员则着眼于课堂教学活动设计。

这种合作模式既能促进团队内部的相互学习，也能充分发挥每位成员在不同领域中的特长，共同攻克复杂问题。

## 专家评审：确保学术前沿性

"清华附中校内基金项目"邀请市、区教育科学研究院以及清华大学教育研究院等权威机构专家组成评审委员会。他们不仅负责评估选题价值，还会综合考量其科学性与可推广性。这种高水平评审机制能够有效避免选题过于空洞、缺乏实际研究意义的问题，同时引导参与者关注教育领域的新趋势。

## 结题答辩：成果检验与经验沉淀

"清华附中校内基金项目"的结题答辩采用"现场汇报＋专家提问"的双重评估模式。参与者需通过多媒体演示系统呈现研究过程、核心成果及实践应用案例，并接受评审专家对研究方法严谨性、数据真实性和结论创新性的深度质询。答辩通过后，相关研究成果会用于区、市等更高级别的课题申报。专家还将对课题的后续研究价值进行评估，如果有继续研究价值的，专家还将向负责人就后续课题的研究方向提供建议。

## 严格流程管理：打造完整的科研闭环

"清华附中校内基金项目"要求所有参与者完成完整且规

范的科研流程，包括但不限于开题答辩、中期检查，以及结项时提交详尽且规范的研究报告。每个重要环节都设置了明确的要求，例如，开题阶段需要阐述创新点及可行性，中期检查需要展示阶段性成果及调整计划，而结项验收则侧重最终成效及推广应用价值。这种严格的管理不仅锻炼了参研人员规划和执行大型课题的能力，也形成了一套可复制、可借鉴的模板，为后续申报更高级别的课题做好准备。

## 三、实施成效与展望

自"清华附中校内基金项目"启动以来，其效果已逐步显现。一方面，参与该项目的教师在 3 年间不仅深化了对自身教学问题本质原因的理解，还掌握了一整套系统性的教育科研方法，如实验设计原则、数据分析工具以及撰写论文的技能等。另一方面，通过团队合作，他们之间建立起了紧密联系，相互学习取长补短，这种良好的科研氛围也逐渐影响到整个学校的教职工队伍。

未来，学校计划进一步加大投入力度，使这一层级课题覆盖更多领域。例如，鼓励跨学科合作，将信息技术融入传统文理科教学；探索国际视野、人工智能领域内的新教育理念和实践等。

# 清华附中教师出书资助项目

在教育教学的实践与研究过程中，教师是教育智慧的重要缔造者。将研究成果、教学经验和学术探索以专著的形式呈现，不仅是个人学术发展的重要体现，更是学校教育科研水平提升的重要路径之一。然而，高昂的出版成本、严格的选题要求以及复杂的出版流程常常成为实现这一目标的障碍。为激励广大教师潜心治学，鼓励他们通过著书立说分享教育智慧，并推动学校学科建设和教育事业的发展，学校响应教师的需求，出台了"清华附中教师出书资助项目"。该项目通过资金支持和全程指导，为教师提供了一个实现梦想的平台，同时也为清华附中的教育教学理论创新和实践推广搭建了坚实的桥梁。

## 一、项目背景与目标

如何将优秀的教学经验与研究成果转化为具有推广意义的校本教材或专业著作，已成为衡量学校科研实力的重要指标。然而，在实际操作中，许多有潜力、有价值的研究成果因为缺乏资金支持或出版渠道而难以落地，这不仅制约了教师的个人发展，也浪费了宝贵的学术资源。

为了解决上述问题，"清华附中教师出书资助项目"于2015 年正式启动。该项目旨在鼓励我校教职工积极投身学术研究，通过专著的形式固化并传播他们在教育教学领域内取得的重要成果。同时，通过这一举措，学校希望进一步促进特色课程建设，加强创新型教学理论与方法的探索，为区域乃至全国范围内基础教育改革提供更多优质的资源。

具体而言，该项目主要有以下几大目标。

❋ 鼓励广大教师深入开展基于实践经验的课题研究，并将出版专著 / 编著作为阶段性总结，实现知识的体系化与理论化。

❋ 推动特色课程的开发及教材建设，以更好地满足学生全面发展的需求，同时为兄弟学校提供参考范例。

❋ 提升我校教职员工在北京市乃至全国范围内的学术影响力，加强学校品牌效应。

❋ 借助优质的出版物建立起更加紧密且广泛的校际合作网络，共同促进基础教育领域的发展。

## 二、项目特色与实施路径

### ▌明确资助范围，聚焦核心内容

为了确保有限的资源能够用到最需要支持的人群及作品上，该项目明确限定了资助范围。优先支持与学校教育教学发展密切相关，并能直接提升课堂实践或管理水平的一线成果，包括系列校本教材或具有创新性的专业著作。这些作品需具备较强的针对性和可操作性，以便最大限度地发挥其实用价值。

适度排除译著、再版书、工具书及毕业论文等类别的作品。这样做，一方面，可以避免重复消耗资源；另一方面，便于集中力量打造原创精品内容。

### ▌严格申报条件，多维评审把关

为了保证申请人的资格符合要求，同时确保所提交作品的质量达到专业水准，"清华附中教师出书资助项目"制订了一套完善的申报流程。

⊙ 申请条件

申请人须具有"北京市骨干教师"以上称号，并且必须是学校在编在岗教职员工；对于多人合作完成的作品，其第一作者也需满足上述条件。此外，仅接受已撰写完成但尚未正式付印的稿件，每位申请人一次只能提交一个出版计划。

⊙ 材料准备

申请人在递交申请时须同时提交完整书稿（包括前言、目录及主要正文部分），并填写统一格式的"清华大学附属中学教育教学项目出版资助申请表"，便于评审人员快速掌握关键信息，减少初期筛查工作量。

⊙ 多方联合评审

教科研室负责进行资格审查，会组织外聘专家及附中内部学术委员会成员共同组成评审团，对入围候选作品逐一展开讨论打分，从选题新颖度到内容深度，再到表达逻辑性均有明确标准。同时，还会邀请部分出版社代表参与后续修改建议环节，以保障最终成品更契合市场需求。

## 三、实施成效与展望

自 2015 年推出以来，"清华附中教师出书资助项目"已协助多位教职员工成功出版了一批具有高学术水平和实践价值的专著。这些作品涵盖特色课程开发、教育教学改革案例分析以及学科专业发展策略等多个领域，为学校教育科研水平的提升做出了实质性贡献。这些成果不仅为我校教师个人发展提供了广阔的平台，也进一步巩固了我校在区域教育改革中的引领地位。

随着项目的不断推进，其积极影响也逐步显现。一方面，成功出版的专著被市、区级教研机构高度评价，并纳入部分兄弟学校参考资料库，为区域内教育教学研究提供了重要的支持；另一方面，通过对优秀成果的展示，我校吸引了更多教育领域专家与学科带头人加入，进一步丰富了师资力量。

未来，我们将持续优化这一体系，积极融入人工智能手段，加强多部门协作，进一步打通从实践到理论再到推广应用的路径。同时，我们将加大对优秀成果的宣传与共享力度，让更多源于课堂实践的智慧走向更广大的教育舞台。希望通过这些举措，每一位清华附中的教师都能在科研之路上找到属于自己的方向和成就，共同书写新时代基础教育的新篇章！

# 第6章

## 拔尖创新人才培养

一直以来，清华附中在拔尖创新人才早期培养方面进行了大量卓有成效的探索和实践。学校通过创新的课程体系、丰富的实践活动和科学的培养模式，为学生提供了多元化的成长路径，有效激发了学生的创新潜能和探索精神。

# 科技拔尖创新人才的培养

当今时代，全球化进程加速推进，国际竞争愈发激烈。人工智能等前沿科技已深度融入社会各领域，成为国家竞争的关键因素。我国在科技领域面临发达国家先发优势带来的巨大压力，亟须大量创新人才突破技术瓶颈，抢占国际竞争主动权。作为百年名校，清华附中十分注重学生的科技素质培养，特别是创新能力和研究能力。近些年来，清华附中在科技教育方面进行了长期的持续性探索，通过丰富多彩的课程和形式各异的活动全面助力学生创新能力、科研能力的发展，为国家培养出大量未来科技领域的拔尖创新人才。

## 一、创客空间

清华附中于 2013 年建设了国内第一家中学生创客空间，共设有 7 个创客社团，包括动力火箭社团、模拟飞行社团、人工智能社团、植物社团、地理社团、科学仪器社团和原型机社团。在创客社团课程中，学生借助全天候的开放平台，能够自由进行科技创新活动。从初二年级开始，学校便组织学生开展课题研究，项目的选题、开题、中期等均有相应教师来指导。最终，学生通过完成一篇较高质量的论文作为结业成绩，通过考核的学生会被授予 THmaker 的称号。

## 创客社团

　　清华附中的创客社团涵盖多个前沿科技领域，这为学生提供了自由探索和创新实践的空间，激发了学生对科技的兴趣和热情，培养了他们的动手能力和创新思维。

⊙ **动力火箭社团**

该社团通过火箭的设计和制作实践过程，综合运用科学知识，选择合理的技术手段和数学工具来解决火箭设计过程中的真实问题，从而充分锻炼学生的工程思维。

⊙ **模拟飞行社团**

模拟飞行是指通过计算机软件将在真实世界中飞行所遇到的各种元素，例如空气动力、气象、地理环境、飞行操控系统、飞行电子系统、战斗飞行武器系统、地面飞行指引系统等，综合在计算机中进行仿真模拟，并通过外部硬件设备进行飞行仿真操控和飞行感官回馈的一项运动。高度仿真和互动性强是该社团的显著特点。

⊙ **人工智能社团**

该社团主要学习、研究、实践人工智能相关技术、工程项目等。通过结合游戏、编程、机器人等技术手段，借助设计思维的相关指导，把人工智能的核心理论和思维方式（计算思维）教授给学生。

⊙ **植物社团**

植物社团致力于引导学生深入探索植物科学，开展种植实践与创新研究。学生系统学习植物分类、生长习性及栽培技术，将理论知识与劳动实践深度融合，体验生命科学与自然之美。

⊙ **地理社团**

该社团主要探究地球的四大圈层——大气圈、水圈、生物圈和岩石圈，揭开它们塑造世界的奥秘。课程紧扣地球系统学科的核心原理和基础概念，旨在培养学生的综合思维、区域认知、实践能力以及人地协调观念这四大地理核心素养。

⊙ **科学仪器社团**

该社团的目标是提升学生制造工具的能力，从而进一步培养学生"执着专注、精益求精、一丝不苟、追求卓越"的工匠精神。

⊙ **原型机社团**

该社团主要借助 SolidWorks 这一强大的设计软件，帮助学生学会如何将天马行空的想法精准地转化为三维模型，让每一个细节都跃然屏上，栩栩如生。

## ▎课程体系

清华附中创客空间的课程体系由基础到高级共分为 4 个层次，每个层次都有其独特的目标和人数限制，旨在逐步培养学生的创新能力和实践技能。其中，最底层是基础性课程，这是整个体系的基石，面向所有学生开放。课程主要在初一上学期开设，内容包括国家规定的通用技术和信息技术课程，以及具有学校特色的"三走进"课程。第二层是创客课程，主要在初一下学期和初二上学期进行，这一层次开始筛选出对创新和实践有更高热情的学生。学生将以项目为导向，学习如何利用计算机辅助设计、编程和单片机等技术来完成项目制作。第三层是创客活动，学生将通过参与各种创客活动和比赛，探索自己的兴趣和潜力。第四层是在创客活动中担任过负责人、拥有出色项目作品的学生会被评为 THmakers，他们将获得创客空间的最高权限，包括推荐和组织新创客活动的权限，以及管理实验室的责任。

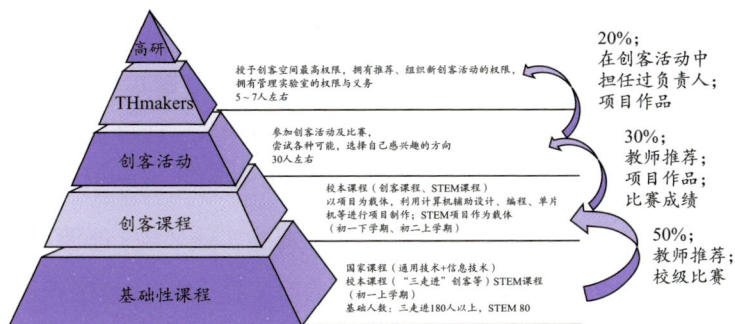

▲ 清华附中创客课程体系

## 二、高研实验室

自 2014 年 4 月 18 日与美国顶尖公立高中托马斯·杰斐逊科技高中建立友好关系以来，清华附中在高中部成立了包括计算机科学、机器人与自动化、生命科学、能源系统、化学分析、资源环境与地理信息在内的六大高研实验室。这些实验室不仅搭建了先进的实验平台，还开设了丰富多样的课程和项目，鼓励学生积极参与科学研究和技术创新。

### 实验设备

清华附中的六大高研实验室均配备了先进的科研设备，为学生提供了接近专业研究水平的实验环境。其中，生命科学实验室拥有细胞培养设备、显微镜、基因扩增仪等，能够支持学生开展细胞生物学和分子生物学实验；化学分析实验室配备了气相色谱/质谱联用仪（GC-MS）、紫外可见光谱仪（UV-Vis）、电化学工作站等大中型仪器设备，可满足学生在环境污染治理、能源化学等领域的研究需求；资源环境与地理信息实验室配有计算机、塔式工作站、无人机、VR 设备、偏光显微镜等，能够支持低空遥感、资源环境调查等项目研究；计算机科学实验室配备了高性能主机、工作站、树莓派、自动驾驶小车等设备，为学生提供了良好的编程和人工智能实践环境；能源系统实验室以电子技术为核心，配备了编程工具、CAD 绘图软件、激光切割机及 3D 打印机等设备，支持学生开展动力火箭等项目；机器人与自动化实验室则配备了激光切割机、3D 打印机、单片机开发箱、智能车等设备，能够满足学生在自动控制、机器人设计等领域的研究与实践需求。

## ▍课 程 设 置

高研类课程以培养学生的基本科研素养为核心，致力于激发学生对科技创新的兴趣和热情，增强他们挑战未知的勇气、面对困难的坚毅等。通过这些课程，学生能够在解决实际问题中应用理论知识，形成批判性思维和终身学习能力，为未来的学术研究和技术发展奠定坚实的基础。

高研实验室的课程设置首先以 25% 的高研先导课程为基础，旨在构建学生的科研基本素养；接着是 20% 的高影响力活动，旨在提升学生的科研兴趣和参与度，通过参与各种科研的相关活动，学生能够更好地理解和应用所学知识；15% 的大中衔接培养则关注学生从中学到大学的过渡，帮助其适应更高层次的科研学习；最后，40% 的高研课题研究和优秀论文答辩是课程体系的顶层，这部分课程鼓励学生进行深入的科研探索，并在完成研究后进行论文答辩，以此来检验和展示他们的研究成果。

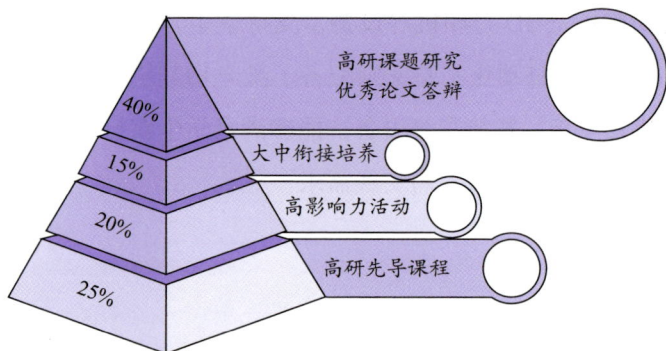

40%　高研课题研究
优秀论文答辩

15%　大中衔接培养

20%　高影响力活动

25%　高研先导课程

▲ 高研实验室课程体系结构

　　在具体的课程实施方面，高一阶段主要开设基础课程和项目课程。学生在这个阶段从文献入手，借助微课题实操并学习项目管理，培养基本的科研素养。在完成一定的基础知识学习后，学生会经历开题答辩，正式进入项目研究阶段。高二阶段则更侧重专业课程和课题项目的深入研究，在这一年中，学生将会围绕关键技术、关键知识点进行深入探究，并通过中期考核来检验学习成果。最终，在结题答辩中，学生需要展示他们的研究成果，这不仅是对高二专业学习的总结，也是对学生科研能力的一次重要检验。

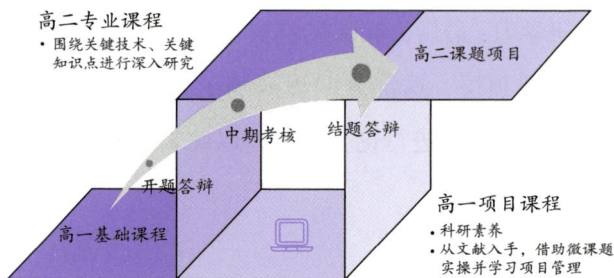

高二专业课程
• 围绕关键技术、关键知识点进行深入研究

高二课题项目

中期考核　结题答辩

开题答辩

高一基础课程

高一项目课程
• 科研素养
• 从文献入手，借助微课题实操并学习项目管理

▲ 高研实验室课程体系

### 清华附中高研实验室基础课程

| 生命科学实验室 | 化学分析实验室 | 资源环境与地理信息实验室 | 计算机科学实验室 | 能源系统实验室 | 机器人与自动化实验室 |
|---|---|---|---|---|---|
| 细胞分析方法介绍 | 环境污染及治理 | RS 基本原理与应用 | 开发环境配置 | 纸上钢琴与Arduino入门 | 计算机辅助设计 |
| 细胞实验 | 生物慢滤池 | GPS 基本原理与应用 | Python基础 | 外观设计与先进制造 | C 语言入门 |
| 微流控芯片细胞分析 | 水质检测 | GIS 基本原理与应用 | 人工智能基础与伦理 | 电子学 | Arduino 基础与进阶 |
| 微生物世界 | 搭建拉曼光谱仪及实验 | Python 与数据处理 | 机器学习 | 电子产品设计 | 智能车设计与制作 |
| 微生物实验 | 电化学工作站及实验 | 无人机模拟与实践 | 人脸情绪识别 | | |
| 基因工程 | 数据处理 | 野外考查 | 图像识别 | | |
| IGEM项目 | | | | | |
| 生命科学 2050 | | | | | |

### 清华附中高研实验室项目课程

| 生命科学实验室 | 化学分析实验室 | 资源环境与地理信息实验室 | 计算机科学实验室 | 能源系统实验室 | 机器人与自动化实验室 |
|---|---|---|---|---|---|
| DNA 模型搭配配合皮肤电信号检测 | 母系水窖的设计与实施 | ArcGis 软件应用 | 《三国演义》词频统计人物情感分析 | 可乐钢琴 | 自动排位系统设计 |

续表

| 生命科学实验室 | 化学分析实验室 | 资源环境与地理信息实验室 | 计算机科学实验室 | 能源系统实验室 | 机器人与自动化实验室 |
|---|---|---|---|---|---|
| 可降解塑料的生物提取 | 纸电池设计与制作 | 校园三维模型重建 | 波士顿房价预测 | 射频信号处理与应用 | 扫雷机器人／数独机器人 |
| 细菌作画 | 水样测定实验 | 电动车充电桩规划设计 | 基于数据挖掘的城市等级分类 | 电子特工队 | Lego移液枪 |
| | 分光光度计及实验 | | 大数据下定制旅游攻略 | | 机械设计——皮筋枪与连弩 |
| | 气相色谱—质谱及实验 | | 网络爬虫影评分析生成词云 | | 可穿戴设备开发 |
| | | | 聊天机器人 | | 自动驾驶设计与实践 |
| | | | 基于深度学习的图像风格迁移 | | SLAM初探 |
| | | | 人脸识别给相貌评分 | | |

## 教学模式

　　高研实验室强调实践操作和项目导向的学习理念，通过采用多元化的教学方法，包括项目式学习、探究式学习和合作学习等，来培养学生的创新思维和解决实际问题的能力。

在项目式学习中，学生被鼓励参与从项目选题、设计、实施到最终评估的全过程。这不仅让学生在实践中学习科学知识和技术技能，还培养了他们的项目管理和团队协作能力。

探究式学习则鼓励学生主动提出问题，并通过实验和研究来寻找答案。这种方法激发了学生的好奇心和探索精神，使他们能够在教师的指导下自主学习，深入理解科学原理和研究方法。

合作学习是指学生在小组中共同工作，完成项目或解决问题。这种模式强调团队合作和沟通技巧，帮助学生学会如何与他人协作，共同达成目标。在高研实验室中，学生经常需要与来自不同背景的同学合作，这不仅增强了他们的社交能力，也促进了多元思维的碰撞和融合。

## 三、零一学堂：创新学习特色班

清华附中于 2021 年 9 月 4 日与深圳零一学院签署了"零一学院创新教育合作方案"，正式成立了"零一学堂"。其核心愿景是帮助学生找到学习的内在驱动力，开阔视野，培养创新思维和解决问题的能力，使其成为深度学习者和终身学习者。此外，"零一学堂"还致力于让学生从功利驱动下的学习走向热情驱动下的学习，使其充满激情地长期坚持做自己喜欢并擅长的事情。通过这些努力，"零一学堂"希望为国家培养出更多具有创新精神和实践能力的拔尖人才。

## 教育理念

"零一学堂"不仅关注学生的个体差异，还注重培养学生的自主学习能力和创新思维。其摒弃了传统教育中"一刀切"的教学方式，转而采用个性化指导、分层作业、翻转课堂等创新型教学方法，以满足不同学生的学习需求。此外，"零一学堂"十分注重跨学科融合，强调打破学科壁垒，鼓励学生将不同学科知识应用于解决实际问题，使学生能够更好地理解和运用知识，培养综合素养。同时，"零一学堂"注重实践与研究的结合，并为学生提供了丰富的科研项目和实践活动机会，让学生在实践中锻炼能力，培养创新精神。这种从"A"型学生到"X"型学生的转变，旨在引导学生从外驱型学习走向内驱型学习，激发学生的学习热情和创造力，为学生的未来发展奠定坚实基础。

## 课程内容与教学实践

"零一学堂"的课程内容涵盖了导学课、研究实践等多个方面。其中，导学课程借助系统的课程设计，帮助学生建立对不同学科领域的基本认识，激发他们的学习兴趣。研究实践课程则是通过暑期学校的研究实践项目，让学生在实际操作中锻炼研究能力和团队合作精神。

　　在具体的教学过程中，"零一学堂"也进行了诸多创新。例如，在数学学科中，教师通过设计作业卡片的方式，针对学生掌握知识点的程度进行分层，从而提供有针对性的反馈和指导，帮助学生更好地掌握数学知识。在化学学科中，教师鼓励学生尝试做"小老师"，以此来提升自主学习能力。此外，"零一学堂"还积极利用互联网＋教育技术，通过翻转课堂和大数据技术，直击知识难点，提高教学效率。这些创新性的教学实践不仅提升了学生的学习效果，还培养了他们的自主学习能力和创新精神，为学生的未来发展提供了有力支持。

## 四、波音・牛顿飞行学院

　　2023 年 5 月 9 日，清华附中与波音公司以及挪威的公益组织 First Scandinavia 联合成立了波音・牛顿飞行学院。该学院是亚洲首家以飞行为主题的教育项目，主要依托波音在航空领域的知识储备及硬件设备，结合 First Scandinavia 在科学、技术、工程和数学（STEM）教育领域的优势，面向青少年群体打造世界一流的牛顿飞行主题教室。学院通过提供高水平、高视野的科研体验，鼓励附中学子爱上飞行，加入航空领域，为未来的航空事业做出贡献。

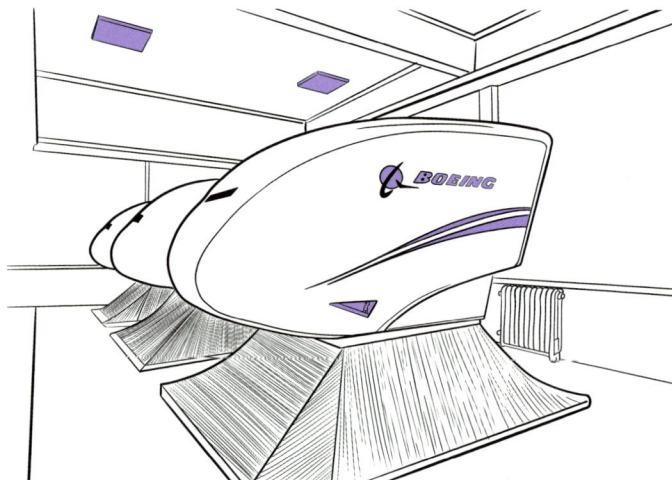

▲ 波音·牛顿飞行学院全动态模拟飞行器

## 教育目标

　　波音·牛顿飞行学院拥有先进的飞行模拟器，能够有效提升教学的精准度、科学性和趣味性，让学生在无与伦比的教学体验中进一步发散科学思维，强化实践能力，尽情探索飞行的奥秘。学院希望通过沉浸式教学，激发学生对航空领域的兴趣，让学生在学习飞行的同时，深化对理论知识的理解，并通过实践操作提升科学思维和实践能力，在寓教于乐中培养知识过硬、能力全面的科技人才。

## 课程设置

　　波音·牛顿飞行学院借助沉浸式的教学环境，主要教授学生基础科学知识。学生们不仅学习理论知识，还能通过波音全动态飞行模拟器进一步验证所学，以此激发自主探索新领域的热情与兴趣，成长为可持续发展的高素质人才。

⊙ **理论课程**

主要涵盖飞行基本原理、空气动力学、导航及气象学等基础科学知识。学生将通过系统学习，掌握飞行相关的理论知识，为实践操作打下坚实基础。

⊙ **实践课程**

学院配备了 3 台全动态飞行模拟器和 3 台平板飞行训练器，同时搭配一整套的 STEM 系列课程。模拟器与真飞机驾驶舱几乎一模一样，具备正副驾驶座、飞机仪表盘、操纵杆等设备。学生可以在模拟器上进行实际操作，体验从跑道起飞，到飞越高山、海洋、城市上空等场景，感受真实的飞行过程。此外，学院还设置了塔台，营造出类似于真实机场的环境，进一步增强学生的飞行体验。

⊙ **任务课程**

除了基本的飞行操作，学院还重点开设了搜寻、营救等任务课程。这些课程不仅考验学生的飞行技能，还涉及数学、地理、物理等多学科知识，培养学生的综合应用能力。

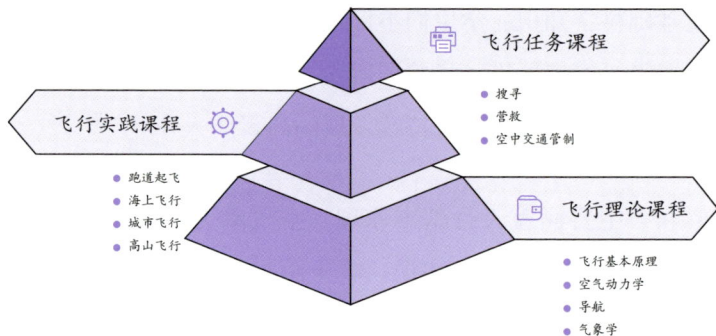

▲ 波音·牛顿飞行学院课程设置

## 五、人工智能实验班

2023 年，清华附中与海淀教科院、清华大学计算机系合办开设了海淀区人工智能实验班。该实验班充分利用寒暑假、双休日等课外学习时段，为学生教授计算思维、数学思维、程序设计、人工智能通识课等科学领域的知识，旨在挖掘具有人工智能学习潜质的学生，建设国家级的人工智能创新人才早期培养基地。

### 课程结构

人工智能实验班课程从数学逻辑与科学素养、人文社科与艺术素养、工程应用与技术素养、跨学科融合与实践素养、体育与健康素养五大核心素养入手，构建了以"一体两翼"为核心，融合"通识—应用—研究"的三级课程，全面服务于人工智能拔尖创新人才的培养。

　　通识课程作为人工智能实验班课程体系的基础层级，面向全体学生开设。课程内容主要聚焦于人工智能的基本概念、发展历程、应用领域等基础知识，旨在激发学生对人工智能的兴趣，让学生对这一知识领域形成初步认知，为后续的深入学习奠定基础。

　　应用课程处于课程体系的中间层级，主要面向那些已经具备一定基础知识且对人工智能领域有浓厚兴趣的学生。课程内容涵盖计算机视觉、机器学习等前沿应用领域，深入讲解人工智能的核心技术知识。通过系统学习这些课程，学生能够熟练掌握利用人工智能技术解决实际问题的方法和技能，显著提升实践操作能力，最终达到能够独立运用人工智能技术解决各类复杂实际问题的水平。

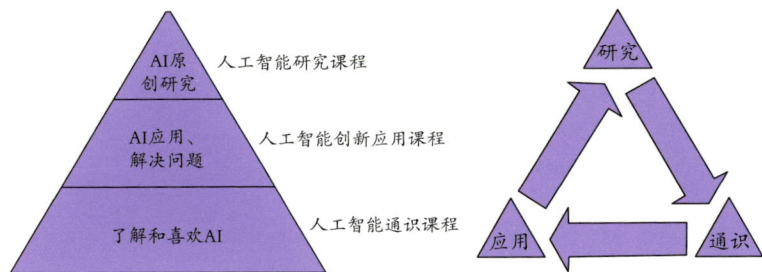

▲ 人工智能实验班课程体系框架与关系

　　研究课程位于课程体系的高级层级，是为极少数对人工智能有浓厚兴趣且极具天赋的学生开设的。该类课程聚焦于人工智能的前沿研究领域，主要引导学生开展前沿课题研究，重点培养学生的科研思维、探索精神和创新能力，为学生未来从事人工智能研究工作筑牢根基。

在特色课程建设中，人工智能实验班精心构建了一个完整且系统的核心知识框架。这一框架涵盖了人工智能基础课程的多个关键模块，包括程序设计、算法设计、计算机视觉、机器学习以及自然语言处理等。同时，课程将设计思维与开源硬件的 AI 硬件内容有机结合，并整合了材料科学与脑科学等跨学科知识领域。此外，课程还强化了数学基础，深度嵌入了数学思维、线性代数、微积分和概率统计等内容，旨在为学生的数学逻辑与科学素养提供坚实支撑，全面提升学生的综合素养和创新能力。

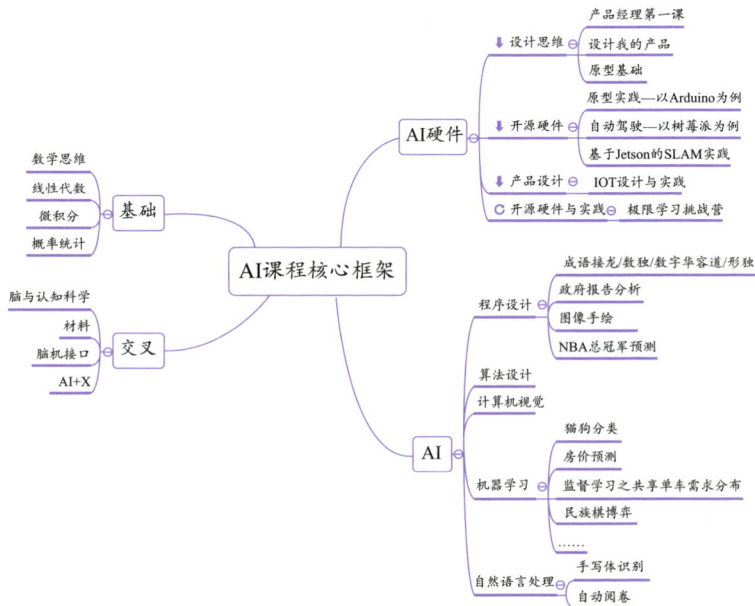

▲ 人工智能核心知识框架

　　围绕核心知识框架，人工智能实验班形成了一系列的特色课程。数学思维与计算思维课程主要通过逻辑推演、数理建模，夯实学生数学逻辑与科学素养，为算法设计和数据分析提供理论支持；程序设计、人工智能导论及机器学习课程聚焦于AI核心技术教学，着力提升学生工程应用与技术素养，强化实际操作能力；开源硬件课程以设计思维驱动硬件实践，促进跨学科融合与实践素养发展；STR项目课程以真实问题为导向，整合多学科知识开展项目式学习，深化学生创新能力培养；体育与健康课程依托优质体育资源，落实"健康第一"的理念，传承清华体育精神；人工智能通识课程中有机地融入了伦理道德、技术应用的人文思考，于潜移默化中培育学生的人文社科与艺术素养。以上所有模块特色课程彼此紧密配合，力求实现学生从理论基础到实践应用的能力进阶，全方位提升学生在人工智能领域的综合能力。

| | 七年级·上 | 七年级·下 | 夏校 | 八年级·上 | 八年级·下 | 九年级·夏 |
|---|---|---|---|---|---|---|
| 数学思维与科学素养 | 数学思维（上）/2 | 数学思维（下）/2 | 人工智能应用数学/2 | 数学建模（上）/2 | 数学建模（下）/2 | 代数与计算/2 |
| | 计算思维（上）/2 | 计算思维（下）/2 | | 算法设计（上）/2 | 算法设计（下）/2 | |
| 人文社科与艺术 | 人工智能导论/1 | | | 人工智能导论/1 | | |
| 工程应用与技术 | 程序设计/2 | 程序设计与应用/2 | | 计算机视觉/2 | 机器学习/2 | 人工智能原理/1 |
| | | | | 开源硬件/1 | | |
| 跨学科融合与实践 | 人工智能实验/1 | 人工智能实验/2 | 人工智能实践/6 | 人工智能实验/1 | 人工智能SRT项目研究/2 | 人工智能研究实践/6 |
| | 体育与健康 | 体育与健康 | 计算思维实践/6 | 体育与健康 | 体育与健康 | 算法设计与实践/6 |

▲ 人工智能实验班课表

## ▌教学方式

人工智能实验班课程采用项目式教学与多样化活动相结合的方式。教师以项目式学习为重要手段，精心设计符合学生兴趣的实践项目，引导学生在真实问题情境中学习知识、提升能力。如"以假乱真"AI绘画教学案例，学生利用AIGC工具生成图像并参与辨别，在实践过程中深入理解生成式人工智能技术的原理与应用，激发学习兴趣与创造力。

人工智能实验班在假期开展了夏校、冬令营、AIGC创作赛、智能车竞速挑战赛等活动，学生能够在竞赛氛围中应用所学知识，培养创新思维与实践技能。在教学过程中，人工智能实验班始终坚持以育人为本，注重学生的全面发展。通过营造宽松、自由且富有创造力的学习环境，实验班激发学生的内在兴趣和探索欲望，同时引导他们树立正确的价值观和人生观。

## ▌师资保障

清华附中通过多元选拔、自主培养等方式，构建了人工智能实验班的师资队伍。学校主要从高校、科研院所、高科技企业中选拔出具有丰富教学经验与深厚专业素养的教师、专家和技术人员，组建专、兼职结合的高素质师资队伍。同时，学校加强对教师的持续培训与专业发展支持，组织教师参加学术研讨会、教学技能培训展示等活动，帮助教师更新知识结构与教学方法，提升教学水平与创新能力。

清华附中为人工智能实验班配备了班主任和项目导师。其中，班主任主要关注学生的成长历程，引导学生进行自我认知与职业规划，协助解决学生学习与生活中遇到的问题。项目导师则根据学生的兴趣特长，指导科研项目、竞赛活动。此外，学校还聘请了高研实验室的毕业生担任小导师，来分享科研经验，陪伴在校学生学习与探究。

在师生关系方面，清华附中创造性地发展了清华大学原校长梅贻琦先生的"从游"理论。随着人工智能的发展，教师在知识方面的权威性逐渐弱化，师生关系被重新界定为"从游"与"伴游"。"从游"是指教师发挥引领作用，在知识学习、行为养成、意识建立等方面进行引导；"伴游"是指在挑战性课程与任务中，学生承担更多主体性工作，教师不再是主导者，而是与人工智能共同充当陪练角色。在具体实施过程中，教师们的"从游"与"伴游"作用一起发力，在不同阶段采用不同方式，共同助力拔尖创新人才培养。

## 六、创新书院

2025 年 2 月 28 日，清华附中正式成立了创新书院，积极探索拔尖创新人才的初高中贯通衔接培养路径。这一举措不仅呼应了清华大学本科扩招与通识书院改革的战略布局，更以

"AI＋学科交叉"为核心，为中国拔尖创新人才培养树立了新标杆，为教育强国、科技强国建设贡献了力量。

▌ 培养模式

创新书院构建了一个从初中到大学的贯通式人才培养体系，力图打破学段壁垒，与清华大学的顶级资源接轨。创新书院采用"3＋3＋4"的培养模式，即初中 3 年着重夯实学生的数理基础，高中 3 年对接清华大学的通识书院课程体系，本科阶段直接进入清华大学新设立的 AI 交叉学科书院。在此过程中，学生有机会提前参与清华大学实验室的科研项目，如智能产业研究院的 AI 医院模拟诊疗项目、文艺大模型开发项目等，在真实的科研场景中锤炼和提升自身的创新能力。

▌ 课程设置

创新书院以"家国情怀、国际视野、拔尖创新"为方向，通过"基础＋拓展＋研究"三级课程体系，融合学科课程、初高衔接课程及竞赛高研课程，分层提升学生的学术能力与创新思维，培育既胸怀家国情怀又全面发展的杰出创新人才。

创新书院课程打破了传统的分科界限，构建了三大核心模块，力求将 AI 思维贯穿全学科，打造"未来生存力"。其中，AI 通识模块课程覆盖机器学习基础、算法伦理、数据可视化，与物理、化学实验深度融合。例如，学生可通过编程模拟量子力学实验，或利用大模型生成传统文化作品，实现科技与人文的跨界碰撞。学科交叉项目每年设置 20 个以上的真实课堂，如基于 "Agent Hospital 的疾病预测模型优化""红色文化智能传播策略"，由清华大学教授与附中教师联合指导。领导力实践课程借鉴清华学子 "云梦清扬" 的返校宣讲模式，学生需自主策划科技公益项目，从方案设计到资源整合全程实战，培养社会责任感与组织能力。

创新书院以 "能力衔接＋兴趣培养" 为核心，通过探究式、项目式学习，拓展多维学习空间，构建贯通培养体系，强化学科素养与关键能力。此外，创新书院还构建了学习共同体和导师制，将全面发展与个性指导相结合。

## ▌资源支持

创新书院为学生提供了丰富的资源和支持，包括顶尖的师资团队和先进的智能平台。书院目前已组建了由 12 名清华教授、8 名院士领衔的导师团队，同步引入清华大学智能产业研究院的 AI 教学平台。该平台可模拟 50 万个病例诊疗场景，支持学生进行医学诊断推演；文艺大模型则能生成个性化学习素材，如将《诗经》改编成 AI 交响乐，激发学生以创新的形式表现传统文化。此外，书院还与香港中文大学致真数学科学院达成了合作，优秀学生可参与两地联合培养项目，体验国际化科研训练体系。

## 七、教学成果

经过长时间的发展与实践，清华附中在科技领域拔尖创新人才培养方面取得了显著的成效，这些成果不仅体现在学生的竞赛成绩和科研项目上，更体现在学生综合素质的提升和创新能力的培养上。

### ▌ 科技活动

清华附中通过开展一系列的科技实践活动，为学生提供了与科技前沿接触的机会，极大拓宽了学生的视野，从而有利于激发他们对科技探索的热情，培养实践能力和创新精神。

首先，学校定期组织学生走进微软、谷歌等创新型企业，让学生了解企业的创新文化和科技应用。在企业参观的过程中，学生可以与企业的工程师和科研人员进行交流，了解前沿的科技产品和研发流程。例如，在微软公司，学生参观了微软的实验室和研发中心，了解了微软在人工智能、云计算等领域的最新研究成果。

其次，学校定期举办大型系列讲座"水木讲堂·对话大家"，邀请了中国科学院院士、清华大学副校长薛其坤，国际知名数学家、菲尔兹奖首位华人得主丘成桐、国务院参事何茂春等科学家和知名人士与学生交流对话，给学生提供多角度的方向指引，从而帮助学生激发求知欲、拓宽科学视野、深入了解现代科学家的风骨与研究方向。

## 清华附中举办的科技实践活动

| 科技实践活动 |
| --- |
| 清华附中第五届"持志涵育·弘道化成"学生节 |
| 高等项目研究实验室举办课堂开题与结题答辩会 |
| 中华英才培养计划第五届学员"清华之旅"冬令营 |
| 清华附中第六届"锦瑟年华·青春山河"学生节 |
| 第三届高研实验室学生项目课题答辩会 |
| 清华附中第七届"爱国怀世成志日新"学生节 |
| 中华英才培养计划第七届学员清华之旅冬令营 |
| 清华附中第八届"'云'扬风采，战'疫'青春"学生节 |
| 第四届高研实验室学生项目课题答辩会 |
| 雅努斯科学思维训练营 |

## 清华附中与其他机构合作开展的科技实践活动

| 科技教育活动 | 单位 |
| --- | --- |
| STEM 交叉学科课程 | 清华大学"钱学森"班 |
| 腾讯战略合作 | 腾讯公司 |
| 清华大学"芯片计划"冬令营 | 清华大学 |

续表

| 科技教育活动 | 单位 |
|---|---|
| 波音捐赠航空航天实验室 | 波音公司 |
| 商汤人工智能课程 | 商汤科技公司 |
| IBM人工智能启蒙季 | IBM |
| 第三届清华大学"芯片计划"冬令营 | 清华大学 |
| SDG（众筹可持续发展创新学习）2018暑期联合项目 | 清华大学 |
| 美国托马斯·杰斐逊科技高中与清华附中联合举办暑期学校 | 托马斯·杰斐逊科技高中 |
| 清华大学第36届"挑战杯"展示活动 | 清华大学 |
| ORIC（开放创新挑战项目）＋夏校 | 清华大学"钱学森"班 |
| 共享仪器平台 | 生命科学学院、环境学院等 |
| "对话大家"科普讲座 | 清华大学、北京大学、北京师范大学等 |
| 走进科技馆 | 中国科学技术馆 |
| 走进动物园 | 北京市动物园 |
| 走进圆明园综合实践课程 | 圆明园 |
| 北京青少年科技俱乐部、英才计划、翔翔计划等 | 中国科学院、中国科协等 |

最后，学校定期举办各类暑期科技夏令营和冬令营活动，在活动中，学生可参与前沿科技课程学习、实践项目操作，以及与科技专家的面对面交流。例如，学生在"成志英才培养计划"暑期夏令营中可参与各学科的学法指导课程，体验"巡星少年行"航天工程实践项目和"地质古生物探秘"地球历史实

践项目，从而提升动手能力和科学探究精神。在"走进奇妙的数学世界"暑期科技营中，学生可通过趣味数学课程、数学建模等项目，激发对数学的兴趣和探索精神。

## ▌科 技 竞 赛

长期以来，清华附中积极组织学生参加各类科技竞赛，如全国青少年科技创新大赛、世界青少年人工智能竞赛等。清华附中学生在这些竞赛中屡获佳绩，展现了出色的科技素养和创新能力。

在竞赛准备过程中，学校为学生提供了系统的培训和指导。教师根据竞赛的要求和学生的兴趣，设计了针对性的培训课程。例如，在全国青少年科技创新大赛中，教师会组织学生进行项目选题、实验设计、数据分析等方面的培训。学生在教师的指导下，从实际问题出发，选择具有创新性和实用性的研究课题。例如，一个学生团队选择了"智能垃圾分类系统"的研究课题，他们通过实地调研，了解垃圾分类的现状和存在的问题，然后设计了一套基于传感器和图像识别技术的智能垃圾分类系统。在实验过程中，学生需要不断优化系统设计，解决实际运行中遇到的问题，这极大地提升了他们的实践能力和创新能力。

清华附中还注重培养学生的团队协作精神。在竞赛过程中，学生需要与团队成员密切合作，共同完成项目。例如，在世界青少年人工智能竞赛中，学生团队需要分工合作，有的负责算法设计，有的负责数据采集与处理，有的负责系统测试与优化。通过团队合作，学生不仅能够提升自己的专业技能，还能培养沟通能力和团队协作精神。

# 体育拔尖创新人才的培养

为探索高水平运动员发展的新路径，培养体育领域的拔尖创新人才，经原国家教委和北京市人民政府批准，1986年清华大学和清华附中共同创办了马约翰体育特长班（以下简称"马班"）。这一创举旨在探索"体教融合"的体育训练新路径，培养具有较高文化素养的学生运动员，为高校高水平运动队提供优秀生源。"马班"以清华大学著名教授马约翰之名命名，马约翰先生是清华大学体育教育的核心人物，他提出了"体魄与人格并重"的教育理念，为清华奠定了体育教育的基础。马约翰先生不仅在体育教育领域有着深远的影响，还通过其教育理念推动了清华大学教育的整体发展。他强调体育教育不仅仅是锻炼身体，更是培养学生意志品质和团队精神的重要途径。这种理念深深植根于清华附中"马班"的办学宗旨中，成为"马班"培养全面发展学生的重要指导思想。

"马班"教练员队伍由清华大学教授、副教授和外聘的高级教练组成，主要有田径、足球、篮球等项目。经过多年探索，"马班"创造了独特的人才培养模式与课程体系，主要体现在

办学模式、培养目标、训练模式、教学模式等方面。

## 一、办学模式

作为大学的"蓄水池"，"马班"是大学高水平运动队的准备阶段，其主要通过系统科学的训练，为体育后备人才打下良好的身体和素养基础。"马班"的办学模式打破了单一依靠中学或大学培养的局限，而由清华大学和清华附中联合办学，招收具有体育特长的普通在校中小学生。这种模式整合了清华大学和清华附中的优质资源，为学生提供了更广阔的发展空间。

"马班"的招生对象主要是具有体育特长的中小学生，这些学生在入学时经过严格的选拔，以确保他们在体育方面具有一定的基础和潜力。清华大学和清华附中共同负责"马班"的招生工作，通过组织体育测试和文化课考试，选拔出综合素质高的学生。这种选拔机制不仅保证了学生的体育特长，还确保了他们在文化课学习上的能力，为"体教融合"的培养模式奠定了基础。

## 二、培养目标

"马班"重视学生运动员的全面发展，始终以"育人"为主线，坚持教育与体育并重的培养目标。清华附中制订了严格的学习、训练和生活制度，确保学生在体育训练和文化学习之间达到良好的平衡。同时，学校还注重学生的道德教育，通过开展各种德育活动，培养学生的社会责任感，努力打造"身心双修"的高水平中学生运动员。这种全面发展的培养目标使学生运动员的人生目标定位更为清晰，多数学生能够同等重视文化课学习和运动训练，自觉刻苦训练，主动勤奋学习。

## 三、训练模式

"学训结合"是"马班"最早体现出的体育拔尖创新人才培养的理论之一。"马班"的文化课学习由清华附中的老师负责，而训练则主要由清华大学的老师担任，中学和大学"联手"使"马班"学生享有得天独厚的文化教育和运动训练条件。学生每天上午在附中跟随普通班级学习文化课程，下午 3 点半之后前往清华大学进行训练，接受更为专业化的指导。这种"体教融合"的双重课程模式有利于学生运动员同样重视文化课学习和运动训练，为成长为体育后备人才打下扎实的身体和素质基础。

"马班"的训练模式强调科学性和系统性，训练内容包括基础体能训练、专项技能训练和比赛实践等多个方面。基础体能训练旨在提高学生的身体素质，为专项技能训练打下坚实基础。专项技能训练主要根据学生的运动项目进行针对性的训练，着力提高学生的专项技能水平。比赛实践则是通过参加各种比赛，让学生在实际比赛中积累经验，提高比赛能力。

"马班"的训练模式还注重个性化指导，教练根据每个学生的身体条件、运动项目和训练进度，制订个性化的训练计划。这种个性化指导不仅有助于学生在训练中取得更好的效果，也确保了他们在训练过程中的安全和健康。此外，"马班"还定期邀请国内外知名教练和专家进行指导和讲座，为学生提供更多的学习和交流机会。

## 四、教学模式

尽管训练任务繁重，但"马班"始终将文化课学习视为学生发展的基石，学校要求学生在文化课学习上达到与普通学生相当的水平。"马班"开设的课程与平行班一致，主要是按照教育部的基本要求设置课程内容，制订相应的教学计划。学生在周一至周五的晚上需上晚自习，由班主任进行监督，以保证学习效果。此外，"马班"还通过严格的管理制度来保障学生的学习质量。例如，每位学生在每个学期有 30 分的综合分额度，迟到、旷课、违纪等行为会被扣分，所有分数扣完后将被开除。这种严格的管理方式不仅确保了学生的学习纪律，也提高了他们的自我管理能力。

"马班"的教学模式注重因材施教，教师主要通过课堂讲解、课后答疑和个别指导等多种方式，确保每个学生运动员都能在文化课学习中取得进步。同时，"马班"还注重培养学生的自主学习能力，学校通过开展各种学习活动，来激发学生的学习兴趣和积极性。

## 五、管理模式

"马班"的管理模式强调多方协作和科学管理，学校通过建立领导小组和工作小组，确保"马班"的各项工作有条不紊地进行。其中，由北京市教委、清华大学体委、清华大学教务处、清华大学体育部和清华附中马约翰体育特长班办公室共同组成了马约翰体育特长班领导小组。领导小组的主要职责是对"马班"的办学方向、培养方案、教学计划和执行情况、招生、训练以及经费等事务进行研究和决策。领导小组定期召开会议，研究"马班"的重大事项，确保"马班"的培养目标得以实现。领导小组下设工作小组，由北京市教委体美处、清华大学体育部、清华附中的 7 名教师组成，他们主要负责"马班"的训练、教学、思想教育与管理等方面的日常工作，以保证"马班"的各项工作落到实处。

"马班"通过建立学生会和班委会等学生组织，积极引导学生参与班级和学校的管理事务。这种学生自治模式不仅为学生提供了展示自我、锻炼能力的平台，还通过组织各类活动和会议，让学生在实践中培养责任感和团队协作精神。例如，学生会定期组织体育赛事、学术交流活动和志愿服务项目，班委会则负责班级日常事务的协调和管理。

## 六、育人成果

清华附中"马班"作为改革开放前后"体教融合"的先行者，在近些年的实践中总结出一系列成功的办学和教育成果，其人才培养模式为我国竞技体育后备人才培养体系的转变，以及新时代学校体育的改革与发展模式提供了可资借鉴的参考范例。"马班"自创办至今，培养了大批专业化人才，在国际、国内的中学生田径、射击等比赛中屡创佳绩。目前，"马班"已成功向清华大学等高等院校输送了 225 名杰出学生运动员，共培养了 8 名国际健将、38 名运动健将、344 名一级运动员。清华附中男篮队以其卓越的竞技水平，14 次荣获中国高中篮球联赛的全国总冠军。

"马班"的育人成果不仅体现在学生的体育成绩上，而且还体现在他们的综合素质上。通过"体教融合"的培养模式，"马班"成功培养了一批既有体育特长又有文化素养的高素质人才。这些学生在中高考中成绩优异，并在各类文化课竞赛中屡获佳绩。进入高校后，他们不仅在体育领域取得了优异的成绩，还在文化学习和社会活动中表现出色，成为高校和体育界的优秀代表。

## 七、社会影响

多年来，清华附中"马班"凭借其"体教融合"的培养模式，成功培养了一批又一批高素质的体育人才，为我国体育事业的发展做出了重要贡献。这一模式强调教育与体育的深度融合，注重学生的全面发展，不仅有效提升了学生的体育竞技水平，还为我国培养体育拔尖创新人才提供了有力支持，为学校体育的改革与发展提供了新的方向。

具体来说，"马班"为青少年提供了优质的体育教育和发展机会，激发了他们的体育兴趣和热情，培养了他们的体育精神和团队意识，为我国体育事业的发展输送了大量后备人才，也为青少年体育教育树立了典范。另外，"马班"将"身心并重，健康第一"的教育观念贯穿整个教育过程，将体育教育活动转化为重要的教育手段和生活方式，这不仅丰富了清华附中的校园文化生活，还提升了学生的精神风貌，对学生形成正确的人生观、价值观和文明健康的生活方式起到了积极的促进作用。此外，"马班"成功构建了初中、高中、大学"一条龙"的竞技体育后备人才培养体系，为高校高水平运动队输送了大批优秀体育人才，为我国体育教育改革提供了新的思路和方法。

# 艺术拔尖创新人才的培养

在当今时代，艺术教育不仅是培养学生审美和创造力的重要途径，更是推动文化传承与创新的关键力量。清华附中深刻认识到艺术教育在拔尖创新人才培养中的重要作用，积极探索艺术教育与创新人才培养的深度融合。学校通过美术特长班和金帆民乐团等特色项目，致力于培养具有扎实专业技能、深厚文化底蕴和创新精神的艺术拔尖创新人才。这不仅为学生提供了广阔的发展空间，也为高校输送了大量高素质的艺术人才，为我国艺术教育事业的发展做出了重要贡献。

## 一、美术拔尖创新人才培养

为做好艺术拔尖创新人才的大中衔接培养，为高校输送高素质的艺术人才，清华附中从 2000 年开始在高一年级组建美术特长班。高中美术特长班实行小班上课，由附中和清华美院共同培养。这种模式不仅为学生提供了更广阔的发展空间，还为高校输送了高素质的艺术人才。通过多年的实践，美术特长班已经成为清华附中在艺术教育领域的重要品牌，为培养未来的艺术拔尖创新人才奠定了坚实基础。

## 培养目标

美术特长班秉承习近平总书记"文艺座谈会讲话"精神，遵循清华大学"自强不息，厚德载物"的治学理念，以"传承传统美育文化，拓展美育国际视野，引导国民文化取向"为己任，致力于培养具有扎实文化基础和卓越美术专业能力的学生，以此为清华大学美术学院、中央美术学院等顶尖艺术院校输送优秀生源。

清华附中提出了"以美育人，以美化人，以美启智，以美健体，以美求真，以美培元，德艺并举"的美育理念。以此为指导思想，美术特长班的教学不仅注重学生的专业技能培养，更强调德艺双修，将美育与德育深度融合，以社会主义核心价值观为导向，弘扬正能量，传承优秀文化。此外，美术特长班还十分强调"术艺并重"，不仅重视学生的艺术表现，更重视专业技能，而且特别强调美术基础和技能技巧，要求把专业基本功放在重要地位。

## 办学模式

美术特长班采用初中、高中、大学"一条龙"衔接培养模式，充分利用清华大学美术学院的优质教学资源和师资力量，为学生提供全面的文化课和美术专业教育。美术特长班实行小班化教学，配备经验丰富的教师团队，确保每个学生都能得到充分的关注和指导。

清华附中的师资队伍虽较为年轻，但学历层次高、综合素质优良、业务能力强劲，多为清华大学美术学院和中央美术学院的优秀毕业生。他们的视野开阔，富有拼搏精神，在美术课堂教学、美术社团组织以及各类艺术活动中均展现了出色的水平，确保了各项工作的高质量推进。教研组多次组织美术教师和书画院教师深入学习新政策和新课标，对学科核心素养建立深刻的理解。教学中主动对标图像识读、美术表现、创意实践、审美判断、文化理解五大核心素养，并结合具体的课程内容和学生情况，采用有效的教学方法，为学生的全面发展提供有力保障。

## 课程设置

美术特长班的课程体系丰富多样，较为注重学生的个性化发展。除了基础的文化课程，特长班还开设了油画、国画、版画、雕塑等多个专业方向的课程，不仅满足了不同学生的兴趣和特长，还为学生提供了全面的专业训练。此外，学校还积极开展各类特色活动，以提升学生的审美能力和文化素养。例如，学校先后组织了多次赴欧洲、美洲的艺术游学活动，每次参与的学生在 20～90 人。学生们参观了卢浮宫、奥赛、蓬皮杜、维也纳美术史博物馆、乌菲齐美术馆、慕尼黑新老绘画馆、梵蒂冈美术馆、美国国家画廊、匈牙利国家美术馆、捷克国家美术馆等世界知名美术馆，近距离观赏了《维纳斯》《蒙娜丽莎》《大卫》《最后的晚餐》《向日葵》《宫娥》《格尔尼卡》等大量艺术经典，开阔了视野，拓展了思维，提升了品位。

清华附中美术游学活动足迹遍布亚、欧、美洲的多个国家，写生活动同样在神州大地遍地开花。2004 年以来，学校每年举办暑期写生活动，先后组织学生去山西临县李家山、陕西延川文安驿、云南大理和剑川、河南林州石板岩、河南太行山郭亮村、河北涞水大龙门村写生，而进行校园写生、清华园写生和圆明园写生更是常态。通过这些丰富的实践活动，学生不仅在专业技能上得到了提升，其文化素养和审美能力也有了显著进步。

▲ 美术特长班学生写生活动

▍教学成果

　　清华附中美术特长班多年来一直保持着卓越的教育质量和优异的升学成果，并呈现出"四有、三高、两稳、一多"的发展态势。"四有"即有理念、有课题、有特点、有成果；"三高"即审美视野高、管理规格高、技术水平高；"两稳"即师资队伍稳定、生源队伍稳定；"一多"即被全国顶级专业艺术院校和知名综合院校美术类专业录取人数多。截至 2025 年，美术特长班已有 22 届高中毕业生，其中 200 多名学生考入清华大学美术学院或中央美术学院，其他学生也进入了浙江大学、同济大学、中国人民大学等知名高等院校。美术特长班的学生在文化课成绩上也表现优异，曾有两名学生文化课高考裸分远超清华大学、北京大学文科录取线。这些成绩充分证明了美术特长班在培养高素质美术拔尖创新人才方面的显著成效，为我国艺术教育事业的发展做出了重要贡献。

## 二、金帆民乐团

　　清华附中金帆民乐团成立于 2002 年，它的诞生为附中学生提供了充分展示自身才华的平台，助力其成长为艺术领域的拔尖创新人才。目前，乐团已发展成为一支声部建制齐全、拥有独特演奏风格和近 30 首原创作品的学生民族管弦乐团，在传承和弘扬中国传统音乐文化方面做出了积极贡献。

## ▌培养目标

金帆民乐团坚持"爱国、爱党、爱人民，在世界范围传播中国传统音乐文化，弘扬当代青少年的爱国精神"的办团守则，以"坚持以人民为中心的创作导向"为办团特点，通过刻苦训练和积极演出，服务大众，传播文化。

乐团致力于培养高素质的民乐人才，不仅注重提高学生的音乐技能，更重视学生的全面发展。通过系统的训练和丰富的演出活动，乐团着力提升学生的专业技能和艺术素养，同时借助文化交流活动，增强学生的社会责任感和民族自豪感。通过参与乐团的活动，学生的音乐修养取得了长足进步，同时其思想品德、团队合作精神和国际视野等方面的能力也得到全面提升。

## ▌课程与教学

金帆民乐团的课程设置丰富多样，主要包括基础音乐理论、民族乐器演奏技巧、合奏训练等多个方面。平时乐团主要在周五下午、晚上和周六下午进行小课和合排。学校定期邀请国内外知名音乐家和作曲家进行指导排练，为学生提供更多的学习和交流机会。与此同时，乐团较为注重学生的个性化发展，通过一对一辅导和小组讨论，使每个学生都能在其中找到自己的位置，发挥自己的特长。

## ▌管理模式

清华附中金帆民乐团由校长方妍担任团长，教师胡军担任乐团办公室主任、驻团作曲、常务指挥，同时外聘张大森、邓建栋、花小蓉、杨青、王瑾等十多名民族音乐专家担任乐团指导。在排练和管理方面，乐团遵循"五化"原则，即技术简单化、辅导针对化、排练效率化、乐曲自创化和目标爱国化，并坚持"自我辅导，自我把关"的排练方式。同时，乐团的管理团队定期组织培训和研讨会，以确保教师和学生能够不断提升专业水平和技巧。

## ▌教学成果

金帆民乐团通过积极开展社区演出和文化交流活动，为学生提供了丰富的学习和成长机会，使学生得以在实践中持续进步。建团以来，乐团行程近40万千米，足迹遍及亚洲、美洲、欧洲和大洋洲，共组织出访、专场、慰问和社区等演出130余场，为近26万名中外听众展现了我国优秀的传统音乐文化。

经过多年发展，金帆民乐团在国内外的演出和比赛中取得了显著成绩，共获得13次国际艺术大赛金奖或银奖，获得6次国家级比赛金奖或银奖，连续9届获得北京市教委举办的器乐大赛一等奖或金奖。例如，2013年，乐团参加"美国第三届国际艺术节"获得金奖、乐团演奏一等奖；2018年，乐团赴美演出获"第九届好莱坞天使杯国际艺术大赛"金奖；2021年，乐团获得"敦煌杯"全国第二届重奏比赛银奖；2022年，乐团获得"维也纳国际艺术比赛"乐团金奖。

乐团的演出活动在国内外受到了广泛赞誉和高度评价，为传播中国传统文化做出了积极贡献。如2016年，乐团访问匈牙利布达佩斯、比利时布鲁塞尔等地，与当地学校进行演出与交流；2019年，乐团在联合国总部及肯尼迪艺术中心等多地举行庆祝新中国成立70周年系列音乐会，展现了清华人的家国情怀；2024年，乐团应邀参加"法中建交60周年蒙达尔纪校园艺术节"，通过原创曲目《茉莉花与闪烁的星》，以及音乐思政课专编曲目《没有共产党就没有新中国》，充分展现了附中学生高水平的音乐素养。

清华附中作为教育改革的先锋，始终将拔尖创新人才培养作为重要使命，并通过科技、体育、艺术等多领域的创新实践，为学生搭建了多元化的成长平台。我们注重因材施教，激发学生的内在潜力，培养他们的创新精神和实践能力。这些探索与实践不仅为学生的全面发展奠定了坚实基础，也为我国基础教育领域的拔尖创新人才培养提供了宝贵经验，充分彰显了清华附中在教育强国建设中的责任与担当。